MAXIMILIEN BRABEC

DÉSAPPRENDRE POUR INNOVER

EN FINIR AVEC L'INNOVATION WASHING

MARDAGA

B-1160 Bruxelles (Belgique)
www.editionsmardaga.com

Coordination éditoriale : Véronique Dupas
Design de couverture : Emmanuel Bonaffini
Maquette intérieure : Carine Thurion – CW Design

Dépôt légal : 2021/0024/73
ISBN papier : 9782804709815
ISBN numérique : 9782804709822

Achevé d'imprimer en France en avril 2021
sur les presses de l'imprimerie Dupliprint à Domont (95).
N° d'impression : 2021042454.

SOMMAIRE

INTRODUCTION

Notre monde évolue en discontinuité majeure du passé depuis plusieurs décennies, ce qui amène les entreprises à se « discontinuer » de plus en plus fréquemment, par obligation face à de nouvelles menaces ou par envie face aux opportunités latentes. On entend souvent dire que notre environnement est volatil, incertain, complexe et ambigu (acronyme VUCA). Pourtant, ce que ce livre porte et qui est formidable, c'est que notre environnement est on ne peut plus fertile aux nouvelles créations de valeurs qui sont en discontinuité de celles du passé.

L'avenir appartient à ceux qui le créent… pas à ceux qui essaient de l'anticiper : les deux dernières décennies ont vu naître un nombre sans précédent de nouveaux marchés mondiaux. Des nouvelles technologies, comme les services et le stockage en cloud, les applications de mobilité, les objets connectés couplés au big data et à l'intelligence artificielle, la réalité augmentée et virtuelle ont redéfini de nouveaux univers de création de valeur et engendrent de nouvelles technologies et univers d'applications connexes.

Cet ouvrage répond à deux questions pour nos chères entreprises et start-up qui sont de plus en plus interdépendantes et qui se situent à l'intersection entre la stratégie et l'innovation :

1. stratégie : quelle nouvelle création de valeur pour développer notre entreprise demain et engager nos hommes en conséquence ?
2. innovation : comment transformer notre projet innovant en création de valeur effective ?

Pour autant, l'innovation et la stratégie disruptive (en discontinuité de l'existant) sont tellement convoitées dans notre société qu'elles suscitent des fantasmes importants pour les entreprises et les start-up, pour leur management et même pour les consultants. On s'accroche alors au moindre concept qui nourrit ce fantasme en espérant que cela permettra de le satisfaire. C'est ainsi que quelques concepts ont été promus comme les panacées de l'innovation (*open innovation*, *design thinking*, méthodes agiles tels *lean start-up* ou Scrum, canevas de *business model*...). Or, de nombreuses études récentes ainsi que l'observation d'expériences réelles montrent qu'il est illusoire d'innover uniquement en appliquant ces concepts[1], car l'innovation passe par d'autres ressorts indispensables. En voici une illustration : le point de départ de la création discontinue consiste à prendre le temps de désapprendre (jeter nos croyances limitantes ou dogmes), avant de faire de la créativité.

Le chapitre 1 est consacré à expliquer le pourquoi de ce ressort clé, le chapitre 2 au comment, en proposant une panoplie d'approches associées.

Le chapitre 3 développe comment composer cette désapprenance avec la nécessaire efficience au quotidien. À ce titre, les meilleurs entrepreneurs et chercheurs sont ceux qui savent s'alléger des détails pour se recentrer sur une architecture d'essentiels opérationnels : le chapitre 4 met en évidence à quel point revenir à la complexité minimale permet, d'une part, de forger une innovation business durable et, d'autre part, libère les hommes pour qu'ils trouvent le temps nécessaire à l'errance. Redoubler de légèreté en complexité est la clé pour redoubler d'agilité.

Donner naissance à une innovation qui crée de la valeur, c'est réussir à passer d'un extrême (l'errance désapprenante) à l'autre (l'efficience opérationnelle). Comme le montre le chapitre 5, cela nécessite de suivre un cycle en prenant le temps que nécessite chaque phase, notamment celle de la traversée de la vallée de la mort[2], et de modifier au gré des étapes le profil, la posture et la taille de l'équipe en charge du projet.

La raison d'être de cet ouvrage est donc d'apporter de nouvelles réponses à ces deux questions (*cf.* questions 1 et 2 p. 7), en s'écartant librement des credo et des concepts établis sur l'innovation et la stratégie, pour être en désapprenance fructueuse :

- il ouvre d'autres enjeux et problématiques liés à ces deux questions et y apporte de nouveaux possibles qui sont émaillés par de nombreuses études récentes et des retours d'expériences ;
- il donne des pratiques concrètes et des postures associées à ces nouveaux possibles ;
- il propose une architecture d'ensemble qui répond à ces deux questions et qui est structurée autour d'un cycle de création de valeur, lequel va de l'*open invention* au *focus innovation* en passant par la vallée de la mort : innover, c'est pratiquer totalement une posture et un état mental à un moment donné du cycle, puis de pratiquer une posture et un état mental inverses à un autre moment du cycle.

Pour illustrer mon propos, je vous propose tout au long de l'ouvrage de nombreux exemples basés sur des entreprises réelles et sur deux cas fictifs de PME. Vous les repérerez facilement par les flèches (→) qui les précèdent.

Ce livre s'adresse aux entreprises, aux start-up, ainsi qu'à ceux qui les accompagnent (incubateurs, accélérateurs, etc.).

CHAPITRE 1

POURQUOI RENDRE L'ENTREPRISE PERFORMANTE EN DÉSAPPRENANCE

Notre époque est assez représentative d'injonctions et d'incantations à l'innovation dans bon nombre d'entreprises, qui veulent innover et chercher pour trouver, alors que :

- il faut commencer par errer pour trouver sans l'avoir cherché ;
- l'innovation et la disruption ne sont pas une fin en soi, mais les résultantes d'un parcours.

Attachons-nous en premier lieu à consacrer une emphase sur le pourquoi de ces propos, notamment :

- pourquoi la désapprenance est nécessaire pour inspirer nos cerveaux, avant de faire de la créativité qui n'en est que leur expiration ? Pourquoi, pour pouvoir désapprendre, faut-il à la fois accepter de se perdre en faisant des errances destructives et expérimentales de nos croyances collectives et favoriser la dissidence et la curiosité collective ?
- pourquoi disrupter l'existant est un leurre et n'a rien à voir avec créer une disruption, et qui l'en empêche ? Pourquoi les entreprises rechignent à diverger de l'existant dans certaines situations qui pourtant les y obligent ?

L'expérience de la carafe et des abeilles

Maurice Maeterlinck, Prix Nobel de littérature 1911, nous relate une expérience qui a de quoi nous interpeller dans son ouvrage *La vie des abeilles*: « Introduisez dans une carafe transparente une demi-douzaine de mouches et une demi-douzaine d'abeilles, puis couchez la carafe de manière horizontale en tournant son fond transparent vers la fenêtre. Les abeilles s'acharneront, durant des heures, jusqu'à ce qu'elles meurent de fatigue ou d'inanition, à chercher une issue à travers le fond du cristal, tandis que les mouches, en moins de deux minutes, seront sorties du côté opposé par le goulot[3]. »

La rotation de la carafe (*cf.* figure 1) correspond à une évolution en discontinuité majeure de l'existant: dorénavant la source de la lumière n'est plus la sortie de la carafe, mais son fond.

Face à la discontinuité, les abeilles périssent à cause de ce qu'elles croient savoir, alors que les mouches s'en sortent, en errant, sans se poser la question du savoir.

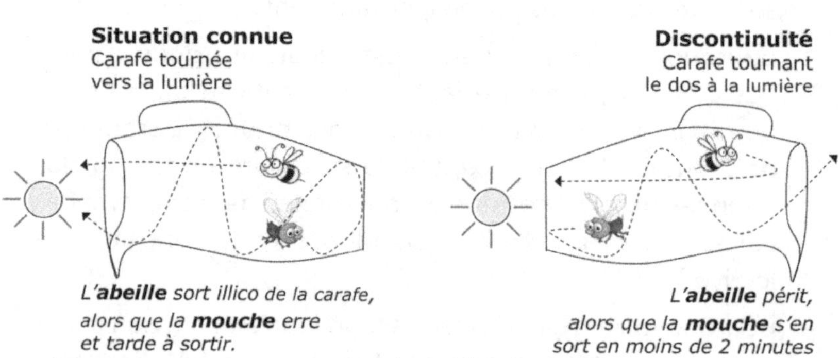

Figure 1. Expérience de la carafe

Cette expérience concerne malheureusement aussi les entreprises à plusieurs titres.

Quand elles sont confrontées à des discontinuités majeures de leur environnement (l'équivalent de la rotation de la carafe), les entreprises auront tendance à s'acharner à appliquer ce qu'elles croient savoir et ce qui les rassure (l'équivalent des abeilles qui continuent à se déplacer vers la lumière). Voici le témoignage d'un dirigeant à la découverte de cette expérience : « Notre équipe de direction s'apparente aux reines des abeilles. Face aux discontinuités, nous serons les premiers à enjoindre les autres abeilles d'aller vers la lumière. Ce qui est terrible, c'est que les autres abeilles vont nous suivre par loyauté. J'aimerais que, au contraire, elles nous dirigent vers des directions auxquelles nous ne croyons pas. »

Il n'est pas sûr non plus que les abeilles de l'entreprise voient la rotation de la carafe, voire veulent la voir, car certaines de nos connaissances sont :

- soit des croyances dont nous ne souhaitons pas nous soustraire (*cf.* La terre est plate) ;
- soit des connaissances devenues parfaitement erronées (la sortie n'est plus du côté de la lumière).

À l'arrivée de la crise de la Covid-19, de nombreux responsables politiques et experts ont tenu des propos devenus par la suite parfaitement erronés : « on maîtrise parfaitement la situation, il n'y aura pas d'épidémie, on va très rapidement contenir ce virus » ; « on ne va pas fermer toutes les écoles pour une épidémie parmi d'autres » ; « les masques de protection, ça ne sert à rien ». C'est purement humain et nous retrouvons cette même problématique dans l'histoire des entreprises.

→ Face au frémissement du cloud, le président de SAP, leader en suite logicielle pour entreprises, avait déclaré qu'il ne croyait pas au cloud, qui est pourtant devenu une évidence.

→ Le comité exécutif de Google avait affirmé, peu de temps avant la sortie de l'iPhone en 2007, que les internautes ne pourraient pas utiliser Internet dans leur mobilité au quotidien. Or le succès de l'iPhone s'est affirmé comme une contre-évidence. Heureusement pour Google, l'entreprise a pu opportunément faire l'acquisition d'Android, lui permettant ainsi de rendre l'utilisation d'Internet omniprésente dans les mobilités au quotidien.

→ Face à l'évidente problématique environnementale du mode de propulsion fossile des automobiles, les constructeurs automobiles historiques se sont pourtant acharnés à poursuivre leur développement sur cette propulsion, quitte pour certains, et non des moindres avec le Diesel Gate, à tricher pour cacher l'émission réelle de leurs véhicules lors des tests environnementaux.

Notre dirigeant, qui avait réagi à l'expérience des abeilles, s'interrogeait : le Comex (comité exécutif de l'entreprise) n'est-il pas parfois le COMité des gens EXceptionnels ? Ses propos résonnent avec la mise en garde de S. Thomke[4] : « Rien ne freine aussi rapidement l'innovation que l'opinion de la personne la mieux payée [HPPO en anglais, *Highest Paid Person's Opinion*]. »

Face à une discontinuité de l'environnement,
nous réagissons naturellement en sens inverse.
L'avenir appartient à ceux qui le transforment (« mouchitude »),
pas à ceux qui cherchent à le prédire[5]
(rester tapi au fond de la carafe).

Ce qui est génial avec notre environnement qui évolue de plus en plus en discontinuité du passé, c'est que, justement, il est on ne peut plus fertile aux nouvelles créations de valeur.

Les « discontinueurs » ne raisonnent pas en termes d'angoisse dans la carafe, ni en termes de guerre face à je ne sais quels concurrents dont ils n'ont que faire : ils raisonnent en termes de nouvelle valeur à apporter dont ils ont tout à faire.

Stephen Hawking, physicien théoricien et cosmologiste, témoignait en 1984 que le premier ennemi de la connaissance n'est pas l'ignorance, mais l'illusion de la connaissance. Il fait allusion à une forme de contamination entre la connaissance et l'illusion de la connaissance qui concerne directement la posture des abeilles: « Le fait que la sortie soit du côté de la lumière est clairement devenu une mauvaise croyance qui trompe les abeilles illusionnées par cette fausse connaissance. » Bien évidemment, ces propos concernent tout collectif:

– l'accumulation d'illusions de connaissances sclérose inconsciemment notre vision collective;
– tant que nous ne ferons pas de mouchitude, notre collectif ne pourra pas savoir quelles sont ses illusions de sa connaissance.

→ Considérons l'un des plus vieux trophées sportifs internationaux qui est à la fois entrepreneurial, sportif et technologique. En 2013, le vainqueur de la 33e édition de la coupe de voile de l'America's Cup, Team Oracle, adopte un nouveau format de compétition basé sur une jauge de catamaran à voile de 22 mètres de long (AC 72) pour défendre son titre en vue de la 34e édition. Un des challengers, Artemis Racing, se demande alors si un tel catamaran de 22 mètres pourrait employer des foils, qui porteraient le bateau grâce à la vitesse, comme les skis nautiques: ainsi, la seule surface de contact avec l'eau serait diminuée de 90 %, réduisant d'autant le frein lié au frottement des coques dans l'eau. Cela permettrait dès lors d'aller presque dix fois plus vite. Après de longues réflexions, ce challenger s'est rendu compte que les irrégularités du vent (rafales) et de la mer (vagues, houle) nécessitaient d'ajuster sans cesse l'angle de contact entre le plan du foil et la mer, faute de quoi le catamaran passerait son temps à tomber de ses foils avec des pertes de vitesse abyssales. Les reines des abeilles de ce défi ont de fait postulé que ce n'était pas possible d'asservir de la sorte ces foils, or toutes les autres équipes y sont arrivées par la suite. Ce challenger a perdu la coupe dès le début de l'édition malgré des dizaines de millions d'euros engagés. Ce qui est d'autant plus cocasse, c'est que, quelques années plus tard, de jeunes passionnés de voile se sont amusés à essayer de mettre des foils sous un Optimist (dériveur à voile lent et lourd, datant de 1947, dont on se demande s'il pourra voler « même dans nos rêves »), juste pour voir ce que ça donnait. À l'étonnement général, l'Optimist décolla sur ses foils malgré une brise légère, démontrant ainsi la vertu de son nom, dont le sens propre doit raisonner depuis de manière cinglante auprès de l'équipe d'Artemis. Plus récemment encore, un vélo pour foiler sur l'eau a été présenté au CES Las Vegas, ou encore un surf à foil électrique, démontrant à quel point foiler peut devenir possible.

À propos d'optimiste, Churchill disait justement ceci : « Un pessimiste voit la difficulté dans chaque opportunité, un optimiste voit l'opportunité dans chaque difficulté. » Cela rejoint la problématique des experts en général : ce sont ceux qui vont vous dire pourquoi ce n'est pas possible[6].

Les apiculteurs avisés nuancent l'expérience de la carafe en précisant que les abeilles exercent successivement des métiers différents dans leur parcours de vie et que ce sont précisément les plus anciennes qui se chargent de butiner : les butineuses ne se feront pas détromper par le retournement de la carafe, à l'inverse des ouvrières. Nos entreprises ne devraient-elles pas amener leurs anciens et experts à butiner bien loin de leur terrain de jeu ultraparcouru ? Ils ont accumulé une expérience précieuse pour faire de la mouchitude efficiente. Butiner veut bien dire « rapporter un butin ».

Faire de la mouchitude, c'est aller à la rencontre de l'incongru et se laisser saisir par ce que l'on ignore. Cela permet de se détourner de ses fausses évidences et de trouver des opportunités sans les avoir imaginées, ni même les avoir cherchées au départ.

Quid de la mouchitude en pratique ?

Dès que des « sachants », y compris nous-mêmes, se mettent à expliquer des impossibles et des contraintes, il faut tout de suite :

– poser tout d'abord la question suivante, y compris à soi-même : « Est-ce que tu as essayé ? Qu'est-ce que tu en sais ? » Souvenons-nous de la mise en garde de l'écrivain Charles Péguy : « Une capitulation est essentiellement une opération par laquelle on se met à expliquer au lieu d'agir » ;
– puis cette deuxième question : « Comment peut-on essayer le plus grossièrement possible, ne serait-ce que pour trouver ce que nous ne savons pas encore ? » Comme le souligne G.E. Woodberry, critique littéraire et poète américain, « la défaite n'est pas le pire des échecs. Le véritable échec, c'est de ne pas avoir essayé ».

En lisant le mot « essayer », cela peut vous faire penser au *test and learn* que vous pratiquez peut-être dans votre entreprise ou start-up, qui consiste à tester une idée pour apprendre sur elle. Il s'apparente aussi au concept de *build-measure-learn* propre au *lean start-up*. Ici, c'est presque le contraire. Il s'agit plus précisément d'*unlearning experiment :* mettre en expérience des choses incongrues, non pas pour confirmer ou infirmer une idée, mais pour découvrir ce qu'on ignore et désapprendre de nos illusions de connaissance. En somme, cela sert à désapprendre de ce qui nous paraît congru et à provoquer des étonnements. Bien entendu, le *test and learn* arrive ensuite pour transformer l'invention en innovation, comme nous le verrons par la suite. Mais l'*unlearning experiment* est absolument nécessaire pour faire précéder l'innovation par l'invention.

Les filtres du cerveau dont nous sommes esclaves

Le cerveau additionne des filtres qui nous empêchent de voir les choses telles qu'elles sont et nous enferment dans notre façon de les voir.

Une étude du MIT[7] nous rappelle que notre cortex préfrontal, qui est l'organe clé de la pensée de notre cerveau, a besoin de confort pour pouvoir se concentrer afin d'intégrer des informations et de prendre des décisions. Face à l'afflux de stimulus apportés par nos cinq sens, il demande donc à ses partenaires (noyau réticulaire thalamique et ganglions de la base) de procéder à des filtrages pour inhiber une partie de tous les stimuli remontant au cerveau. C'est comme lorsque vous voulez écouter quelqu'un qui vous parle dans un environnement bruyant, vous allez progressivement filtrer tous les bruits parasites. Ce que l'étude révèle, c'est qu'aucune partie du cerveau ne contrôle l'addition des filtres. Or, si notre cerveau laisse tous ces filtres s'additionner, alors notre vision des choses est de plus en plus inhibée, dans une forme de dissonance cognitive par rapport à la réalité : en d'autres termes, si je laisse faire mon cerveau, il va filtrer les sources de la connaissance et me scléroser dans l'addition de ses propres filtres patiemment accumulés. Cette étude confirme de manière scientifique notre problématique à nous inhiber de la vision des choses, ce que les citations suivantes abordaient déjà :

- « Ce que l'homme appelle vérité, c'est toujours sa vérité, c'est-à-dire l'aspect sous lequel les choses lui apparaissent » (Protagoras, VIe siècle avant J.-C.) ;
- « *Sapere Vedere* » (savoir voir) (Léonard de Vinci) ;
- « La réalité n'est qu'une illusion, bien que très tenace » (Albert Einstein).

Pratiquer l'errance expérimentale

L'étude précédente nous avertit que la seule solution pour purger le cerveau de ses filtres, c'est de le mettre en action dans des situations qui vont d'elles-mêmes révéler les mauvais filtres (*cf.* axes de réponse proposés dans le chapitre 2). C'est donc bien la succession des inattendus générés par vos actions qui peuvent engendrer cette purge au niveau du collectif de l'entreprise, à condition d'être attentif dans la détection de tous ces inattendus. La vertu de ces actions doit donc se conjuguer avec la rigueur de l'étonnement, comme le souligne justement Albert Einstein : « Celui qui ne peut plus éprouver ni étonnement ni surprise est pour ainsi dire mort ; ses yeux sont éteints. »

Le biomimétisme ne résulterait-il pas de la pratique assidue de bioétonnements ? Celle-ci n'en finit pas de nous démontrer son potentiel illimité : s'étonner que l'huître soit capable, à partir d'un matériau fragile, la calcite, de faire une coquille trois mille fois plus résistante que son matériau d'origine a permis à l'armée américaine de mettre au point un plastique quatorze fois plus résistant et huit fois plus léger que l'acier.

Quid des vertus de l'exploration ?

Si l'exploration est prisée dans les entreprises, l'errance y est encore plus pertinente pour déscléroser nos cerveaux collectifs : l'étymologie du mot « explorer » est « aller loin », alors que celle du mot « errer » est « aller de gauche à droite à l'aventure », dont l'étymologie est « ce qui advient ». Il est admis de dire que la plupart des innovations adviennent par sérendipité, dont l'origine du mot provient d'un conte traditionnel persan dans lequel les héros étaient tout le temps en train de trouver, par accident, par sagacité et avec subtilité, ce qu'ils ne recherchaient pas. C'est donc bien l'errance qui est le moteur de la sérendipité.

Il se peut que le mot « errance » vous gêne encore, dans le sens où errer amène à se retrouver perdu. Voici les réponses qui mettent l'emphase sur la justesse du mot. Errer, c'est accepter de se perdre et c'est justement ce qu'il faut[8]. Si vous voulez explorer sans accepter de vous perdre, alors vous ne sortirez pas de la carafe. C'est précisément cette acceptation qui permet de découvrir des choses que vous n'attendiez pas. À défaut, l'abeille va chercher à se rassurer en allant vers ce qu'elle connaît. Or, comme le dit Tony Robbins, coach et auteur en développement personnel, « toute croissance commence à la fin de votre zone de confort ».

Si vous voulez explorer en dehors de l'existant sans accepter de vous perdre, alors vous ne sortirez pas de votre existant.

Ce qui est justement génial avec l'errance, c'est que vous ne savez pas où vous voulez aller : c'est bien là où vous serez allé qui va vous montrer là où il faut aller ! C'est ce que confirme Saras D. Sarasvathy, professeure à l'université de Darden, qui s'est intéressée à vérifier comment les meilleurs entrepreneurs avérés constituent leur stratégie[9]. Ceux-ci procèdent à l'opposé de l'approche classique employée par les entreprises :

- au lieu de partir d'un but pour définir les moyens à mettre en œuvre afin d'atteindre ce but (approche causale), à partir de moyens disponibles, ils jouent à fabriquer sur des effets possibles (effectuation) ;
- au lieu de rédiger un plan et de prendre des décisions sur la base d'un retour attendu, ils raisonnent en perte acceptable.

Ils acceptent donc de se perdre, uniquement pour découvrir des effets possibles : nous payons pour voir l'effet que nous n'attendions pas. C'est ainsi qu'ils inventent leur affaire en cours de route, à coups de pertes acceptables successives. Ce sont bien ces dernières qui ont permis de révéler ce qui était impossible à prévoir. Par conséquent, si vous n'acceptez pas de vous perdre par l'errance, vous resterez dans une approche causale. Bien entendu, cette dernière est nécessaire, mais uniquement dans un deuxième temps.

Éventuellement, vous pouvez préférer la traduction anglaise de l'errance, *wandering*, qui est appréciée dans de nombreuses entreprises anglo-saxonnes. Comme nous verrons par la suite, le *wandering* est la clé de l'inspiration de nos cerveaux collectifs. Celle-ci doit être forgée avant la créativité qui n'est que l'expiration de nos cerveaux.

Voici des exemples illustres des vertus de l'errance :

- Einstein a témoigné à quel point sa lecture de l'article du philosophe David Hume sur la théorie de la relativité avait apporté de la clarté et l'avait aiguillé sur la théorie, cette fois-ci physique, de la relativité restreinte ;
- la période africaine de Picasso a été inspirée par une simple visite dans un musée ;
- c'est après avoir découvert les travaux de l'économiste Thomas Malthus et du géologue Charles Lyell que Darwin publie un essai sur la sélection naturelle en 1844.

Observer rigoureusement les dissemblances

L'errance ne suffit pas si elle n'est pas couplée à l'observation rigoureuse des dissemblances[10]. Si vous errez sans observer très attentivement ce qui se passe, cela ne permettra pas de recycler vos filtres. Or, ce n'est pas ce que nous faisons naturellement, car, dès que quelque chose de nouveau se présente à nous, nous avons tendance à chercher les ressemblances avec ce qu'on sait (qui très souvent est en fait ce à quoi l'on croit), au lieu de nous ouvrir et de nous intéresser aux dissemblances.

Il suffit de regarder en entreprise : quand une idée ou une hypothèse nouvelle surgit dans un collectif, il arrive fréquemment que quelqu'un dise « on l'a déjà fait », ou encore « on l'a essayé et ça n'a pas marché », auquel cas on est tenté de s'arrêter là, ce qui serait un triple gâchis :

- premier gâchis : ce qui a déjà été fait ou ce qui a été essayé et qui n'a pas marché ne ressemble qu'à 5 % à cette nouveauté et cache non seulement des tas d'autres choses à essayer, mais aussi des tas d'autres manières de l'essayer. Dans toute communication, il y a une première perte de portée entre ce que l'émetteur visualise et ce qu'il transmet, puis une seconde perte entre ce qu'il a transmis et ce que les récepteurs ont visualisé ;
- deuxième gâchis : rappelons que faire de la mouchitude, c'est sortir de la posture de celui qui veut faire des tests uniquement pour prouver la pertinence de telle chose, pour celle de s'étonner de ce qui se passe, de ce qui se crée et de ce qui ne marche pas. Je mettrai plus loin en avant la vertu des ratages volontaires dans ce sens (*cf.* chapitre 2, Exercer des ratages, des inverses et des régressions sur l'actuellement établi) ;
- troisième gâchis : oui, cela n'a pas marché à l'époque où la carafe était tournée vers la lumière, or cette époque a pu largement changer depuis. Elle a pu, d'une part, se

discontinuer (rotations de carafe) et s'enrichir de nouvelles avancées. Réessayer « ce qui n'a pas marché à cette époque » permettrait de créer de nouveaux possibles pas forcément attendus (*cf.* deuxième gâchis). J'ai connu une PME qui recrutait chez ses gros concurrents des anciens de la R&D, en leur proposant de ressusciter les projets que leurs anciens employeurs avaient mis au placard il y a plus de dix ans : cette PME innove en ressuscitant le placard de ses gros concurrents !

Votre entreprise fera des progrès de géant, si, à chaque fois, votre collectif se demande en quoi cette nouveauté est dissemblable des 5 % de ce qui a déjà été fait et de ce qui est déjà su.

La Covid-19 à son arrivée n'aurait-elle pas mieux fait d'être considérée bien au-delà de ses 5 % de ressemblance avec la grippe ?

Observer en aimant chercher les dissemblances rejoint cette belle définition de la sérendipité apportée par Sylvie Catellin, chercheuse en sciences de l'information et de la communication : « L'art de découvrir ou d'inventer en prêtant attention à ce qui surprend et en imaginant une interprétation pertinente[11]. » Comme le dit A. Einstein, « très peu de gens savent regarder les choses telles qu'elles sont et les éprouver avec leur propre sensibilité ».

Il faut donc errer et éprouver rigoureusement toutes les sources d'étonnement : seule une expérimentation rigoureuse garantira de bien les ressentir. Toujours selon A. Einstein, « la chose la plus importante est de ne jamais s'arrêter de s'interroger, la curiosité a sa propre raison d'exister ».

Remplacer les réunions en mode verbal par un mode silencieux est un bon palliatif contre ces gâchis. Quand chacun interagit par écrit et que nous nous écoutons en lisant nos écrits, le rendement en idées divergentes et l'acceptation des idées divergentes sont nettement meilleurs[12]. Si les entreprises faisaient plus de réunions silencieuses, elles pourraient en faire beaucoup moins, mais nettement plus riches.

Développer le curiosimètre de l'entreprise

Les enfants de 3 ans demandent toujours « pourquoi ceci » et encore « pourquoi cela », et encore et encore des pourquoi : ils sont géniaux de curiosité.

L'invention du Polaroid à l'époque de la photo argentique résulte d'ailleurs d'une fillette de 3 ans qui a demandé à son père avec insistance pourquoi elle ne pouvait pas voir la photo d'elle qu'il venait de prendre avec son appareil. Son père a eu le mérite de s'ouvrir à la richesse potentielle de ce pourquoi, pour ensuite chercher des réponses associées, jusqu'à l'invention du Polaroid qui y répond directement.

Un article[13] de Francesca Gino, professeure à Harvard, souligne à l'appui d'études que, plus que jamais, les entreprises de notre monde d'aujourd'hui doivent redevenir brutalement curieuses pour réussir dans le monde de demain en mettant en évidence quatre bénéfices associés :

- moins d'erreurs dans la prise de décision ;
- plus de changement et d'innovation gagnants accomplis par le collectif ;
- une réduction des conflits entre les équipes ou entre les personnes ;
- une communication collective plus libérée et une performance collective meilleure.

Ce qui est dommage, c'est que nous perdons notre curiosité originelle de l'enfant de 3 ans que nous étions. F. Gino révèle qu'en général tout nouvel arrivant dans un collectif a perdu en moyenne 20 % de sa curiosité au bout de six mois. Cela voudrait-il dire que l'entreprise a déjà perdu 20 % de la richesse des pourquoi du jeune enfant de 3 ans qui vient de l'intégrer ? Un ouvrage, *The Attention Merchants*[14], nous alerte sur le fait que ce sont nos smartphones qui nous possèdent : ce sont leurs applications qui viennent à nous et qui de fait fabriquent notre attention en nous chipant notre curiosité. Il en résulte que les jeunes générations seraient beaucoup moins curieuses que leurs ancêtres qui s'activaient à « aller vers ».

Nous devrions mesurer la fréquence des pourquoi dans l'entreprise pour manager sa curiosité collective en conséquence.
C'est la questiologie[15] *du collectif qui nourrit sa curiosité, laquelle nourrit sa désapprenance.*

Claude Lévi-Strauss, anthropologue et ethnologue français, soutient que « le savant n'est pas l'homme qui fournit les vraies réponses, c'est celui qui pose les vraies questions ». Face à un monde qui évolue de plus en plus en discontinuité du passé, les meilleurs leaders de demain seront ceux qui poseront les meilleures questions, comme le soutient John C. Maxwell[16], expert en leadership.

Nombreuses sont les entreprises qui n'ont plus de pourquoi qui fusent, tellement elles sont établies dans le confort de leurs filtres accumulés. Ce sont ces filtres qui réfutent les pourquoi, alors qu'il vaut mieux réfuter ces filtres, et a fortiori dans un monde qui évolue en discontinuité du passé.

Voici des exemples illustres de curiosité avide qui s'est attachée à repérer les sources d'étonnement :

- Issac Newton découvre la gravité en observant une pomme tomber d'un arbre ;
- Antoni van Leeuwenhoek, un commerçant de tissu voulant observer le « encore plus petit », développe des loupes (au 400e) et découvre chemin faisant les protozoaires, les spermatozoïdes et les bactéries qui ont permis de faire des bonds en avant en médecine dès le XVIIIe siècle ;

– Alexander Fleming, biologiste, qui fait des recherches sur les bactéries, prépare une culture de bactéries dans des fioles, juste avant de partir en congé. À son retour, il a le mérite d'observer que ses bactéries ne s'étaient pas multipliées à cause d'un champignon qui les avait combattues. L'étonnement sur ce « ratage » a permis de révéler les antibiotiques et d'en développer l'usage en médecine.

Ces exemples mettent en avant la force de la curiosité individuelle de chaque personne, qui nous amène à préciser ce qu'est la curiosité collective : elle consiste à émuler par le collectif la curiosité individuelle et qui va en retour nourrir le collectif. C'est la dimension passionnelle, voire extraprofessionnelle de chacun, qui peut nourrir sa curiosité : Einstein, en tant que salarié d'une entreprise d'administration de brevet, s'est passionné en dehors de son travail dans cette entreprise sur des terrains qui l'ont amené à faire des découvertes extraordinaires. Il ne tient qu'à votre entreprise de démultiplier cette force latente.

Se (re)mettre en incompétence

C'est là une condition requise et une opportunité. Le jour où vous devenez expert est le jour où vous avez perdu toute votre curiosité initiale. C'est ce que démontre Abraham Maslow, psychologue, avec le cycle du progrès (*cf.* figure 2) :

– quand je commence à vouloir apprendre une toute nouvelle matière, au début je suis inconsciemment incompétent : je suis clairement incompétent sur cette matière et je ne sais pas dire pourquoi ;
– en progressant, je comprends en quoi je suis incompétent : je deviens consciemment incompétent ;
– en progressant encore, je deviens consciemment compétent : je sais ce qu'il faut faire pour être compétent et je sais le faire ;

– alors, je deviens renforcé par ma sensation de compétence et complètement habitué à ce qu'il faut faire. Je perds progressivement mon attention sur ce qu'il faut faire et je deviens inconsciemment compétent : je suis encore compétent, mais je ne sais plus dire pourquoi.

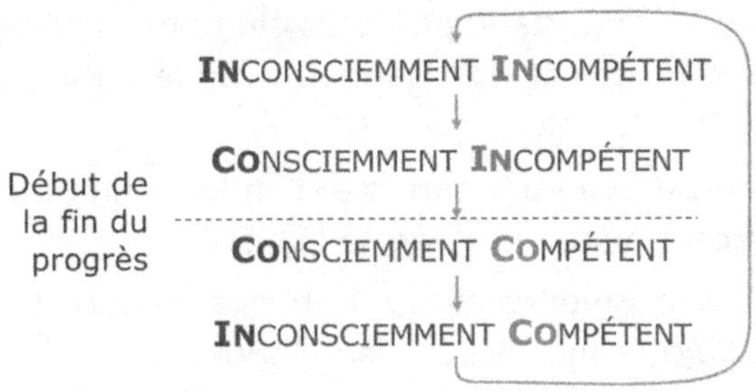

Figure 2. Cycle du progrès selon A. Maslow

Le cycle du progrès nous révèle que, l'étape « inconsciemment compétent » passée, il faut retourner à la case « inconsciemment incompétent » pour progresser à nouveau, car, sinon, le progrès se meurt. Comme le dit Charles Péguy, « une âme morte est une âme complètement habituée ».

Aller voir des experts pour qu'ils nous disent ce qui n'est pas possible permet de savoir là où il faut errer pour trouver des inattendus qui vont potentiellement le rendre possible. Selon A. Einstein, « le génie pourrait se confronter à des limites, mais la stupidité ne connaît pas un tel handicap ». Cela veut dire que les personnes consciemment incompétentes cultivent des errances qui leur permettront de dépasser les blocages des hypercompétents.

L'intelligence collective est en danger le jour où elle tombe dans la sensation de la compétence qui va stopper son progrès avec deux réponses possibles : vous remettre en incompétence dès que vous vous sentez compétent ou rester sans cesse incompétent. Cela passe par cultiver la curiosité collective et développer le « pourquoimètre », ce qui va sans cesse vous montrer tout ce que vous ne savez pas. Les gens curieux sont ceux qui savent rester profondément incompétents. Ils sont sans cesse attirés par ce qui est inintelligible et ils ne peuvent s'empêcher de questionner dessus. Quand Jules Verne écrit son roman intitulé *De la Terre à la Lune*, en 1865, savait-il qu'un tel voyage serait réel le 20 juillet 1969 avec Apollo 11 ? Pourtant, plusieurs éléments de l'expédition Apollo 11 concordent précisément avec le contenu de son œuvre :

- un immense « canon » capable d'envoyer un obus, contenant « trois personnes » vers la Lune ;
- ce sont des Américains qui entreprennent le voyage, le décollage du canon a lieu « en Floride » ;
- les trois astronautes atteignent la Lune « une semaine » après leur départ de la Terre ;
- leur retour s'effectue « en mer » pour adoucir l'atterrissage.

Aimer rencontrer l'inintelligible permet de rester incompétent et nourrit le pourquoimètre de la curiosité.

C'est ce qui a permis à J. Verne d'anticiper de manière étonnante toute l'expédition Apollo 11 avec cent quatre ans d'avance en écrivant son roman : des historiens expliquent qu'il aimait aller à la rencontre des scientifiques pour essayer de les comprendre. Il a ainsi pu imaginer son récit et forger ses hypothèses à partir de toutes les inspirations scientifiques nourries par sa propre curiosité. À son tour, Hergé conçoit en 1950 un album de Tintin intitulé *On a marché sur la Lune* qui est encore plus précis dans ses prédictions de la future réalité de l'expédition d'Apollo 11 qui aura lieu quatorze ans plus tard : on y retrouve les combinaisons étanches, le sol rocailleux et le noir de l'espace sans fin. Là encore, nous avons affaire à un héros de la curiosité. Hergé s'inspirait des moindres éléments accessibles, à sa portée, pour imaginer ses ouvrages qui se déroulent souvent dans des lieux que lui-même n'avait pas fréquentés, tout en leur apportant une réalité inouïe.

Quand le philosophe Socrate affirme « je sais que je ne sais rien », c'est bien la rencontre de l'inintelligible qui va nourrir l'humilité collective. Cependant, attention au jour où le collectif est dominé par son ego, il franchit alors ce seuil de la sensation de compétence, devient expert et perd, de fait, toute sa curiosité. Il ne cherche plus. Quand bien même il voudrait trouver des innovations, il ne trouvera que les confirmations de ses compétences.

Le collectif qui concrétise une discontinuité est celui qui ne sait pas ce qu'il ignore, qui est curieux de savoir tout ce qu'il ignore et qui persiste à savoir qu'il ne sait rien. La rencontre de l'inintelligible s'inscrit dans les rituels d'errance (*cf.* chapitre 2).

Ce sont les rituels d'errance collective et rigoureuse dans l'expérimentation désapprenante qui permettent de rester incompétent et curieux, et de trouver des inattendus. C'est la succession de ces inattendus qui fera naître une potentielle innovation.

Léonard de Vinci aimait plus que tout l'errance sur toutes sortes de sujets, puisqu'il a été à la fois peintre, sculpteur, compositeur, poète, musicien, mathématicien, ingénieur, physicien, chimiste, astronome, architecte, philosophe, diplomate, physiologiste, caricaturiste, anatomiste, botaniste, zoologiste. C'est de cette errance qu'il a forgé ses facultés d'invention.

Les freins à nos croyances

À cause de nos croyances, quand bien même nous verrions une disruption potentielle, nous la réaliserions de manière non disruptive.

On pouvait penser qu'avec l'arrivée d'Internet les entreprises de vente à distance allaient disposer d'un véritable boulevard pour se développer. Or, quelques années plus tard, pratiquement toutes ont souffert et se sont fortement amoindries. En analysant les causes, il en ressort qu'elles sont allées sur Internet de la façon dont elles croyaient à la vente à distance, et non pas de la façon dont le e-commerce pourrait être. Voilà en quoi consistait leur modèle que nous appellerons A (comme actuellement établi) :

- l'entreprise envoie un catalogue dans des foyers plutôt ruraux, avec une offre suffisamment large pour couvrir leurs besoins non alimentaires ;
- chaque catalogue porte sur une saison complète qui dure plusieurs trimestres, avec un tarif figé durant cette période ;
- c'est le client qui commande par téléphone et il reçoit de temps en temps des promotions ou des coupons de réduction sur tel ou tel produit.

La façon dont pourrait être l'e-commerce est devenue un modèle B, couramment employé depuis (C discount, Amazon...) :

- l'entreprise forge un réseau social entre les consommateurs, notamment à travers leurs évaluations ;
- l'offre est illimitée grâce à une place de marché qui rassemble les concurrents et d'autres fournisseurs, et l'entreprise y apporte un moteur de recherche intégré. Ainsi, plus elle dispose d'offres, plus les consommateurs sont nombreux et réciproquement ;
- l'entreprise adresse en priorité les grosses agglomérations, pour massifier tous les flux liés aux derniers kilomètres de livraison et apporter une livraison la plus immédiate et la plus irréprochable possible ;
- l'entreprise interprète en temps réel le parcours avéré du client, pour mieux comprendre ses aspirations et mieux lui répondre. Elle révise périodiquement la segmentation

des profils clients grâce à leurs propres données pour améliorer le moteur de recherche, la politique de mise en avant des produits dans l'intérêt de chaque consommateur et dans l'intérêt de ses augmentations d'achat (par exemple, lui suggérer tel produit associé à tel produit qu'il vient de mettre dans son panier) ;

- l'entreprise expérimente régulièrement l'élasticité des ventes au prix de vente sur des petits échantillons pour attiser les ventes. Les fonctions marketing et ventes sont principalement opérées par du digital à zéro coût variable à partir de toutes ses données.

Force est de constater que les entreprises de vente à distance n'ont pas créé ce B, elles ont fait du A' (vente à distance sur Internet). Même si, évidemment, elles avaient beaucoup appris d'Internet, elles n'avaient pas pris le temps nécessaire à désapprendre de la vente à distance, voire ne le souhaitaient pas.

Le pire endroit pour développer un nouveau modèle pour votre entreprise se situe dans votre modèle d'entreprise existant, c'est ce que proclame C. Christensen, professeur à Harvard et inventeur de la disruption. Cela veut dire que, si nous continuons à aller vers la lumière de ce que représente notre A (qui est située derrière la carafe), alors nous ferons forcément du A', en clair de la non-disruption.

Y. Jackson et V. McDermott, des expertes reconnues en éducation, répètent à l'envi que changer la façon dont les gens regardent les choses est le cœur de l'apprentissage et le début du changement de leur façon de faire les choses !

Notre façon de voir ce qui est actuellement établi nous mène à aller vers la disruption de manière non disruptive, en étant convaincus de faire une vraie disruption.

Les travers à faire du A' avec l'illusion que c'est du B sont légion. Malheureusement, le concept A' est très souvent un mauvais concept, qu'il soit technologique ou business, car il hérite des potentialités du A et emprunte trop peu celles du B. Il peut même s'avérer pire que le B et pire que le A, en témoigne l'histoire du Titanic développée ci-dessous.

→ Le concept de navire A qui était largement établi pour traverser les océans était le clipper, bateau à voiles à trois mâts (*cf.* figure 3). Arrive l'invention du moteur à vapeur, que les concepteurs de paquebots, convaincus de proposer un vrai B, ont adopté, sans toucher à la carène du clipper. Or, c'était un concept A' qui s'est révélé catastrophique.

- dans le cas du clipper A, c'est le déséquilibre[17] de pression entre les voiles situés à l'avant et à l'arrière qui permettait à la carène de changer de direction. Le gouvernail principal du A était donc vélique. Il y avait un petit gouvernail hydraulique qui servait quand des rameurs le halaient dans la Tamise… voiles affalées ;
- le A avait besoin d'un plan antidérive sur toute sa longueur pour transformer la pression latérale du vent sur les voiles en force propulsive de la carène.

Figure 3. Concept A : clipper à voile

Les architectes ont conçu le Titanic (*cf.* figure 4) à partir de ce A qui les rassurait. Ainsi, ils ont conservé la petitesse du gouvernail hydraulique, sans se rendre compte qu'ils avaient sacrifié le puissant gouvernail vélique et alors même que les vitesses du Titanic allaient être beaucoup plus élevées que celles jamais atteintes par le A. Par ailleurs, ils ont conservé le plan longitudinal antidérive devenu inutile, mais qui pourtant empêche la carène de tourner de manière encore plus exacerbée avec la vitesse du navire. Et les voiles, dont l'écart de pression arrière/avant servait de gouvernail vélique, sont absentes.

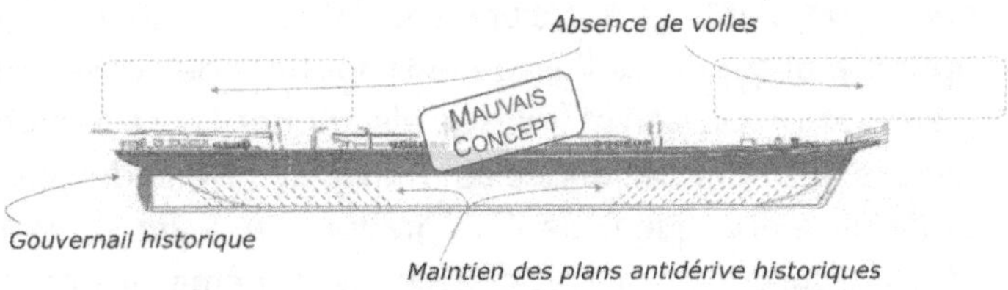

Figure 4. Concept A' : Titanic, bateau ingouvernable à pleine vitesse de croisière

Au final, le Titanic, arrivant à pleine vitesse (41,7 km/h) sur un Iceberg, n'était plus gouvernable pour l'éviter. Des architectes navals avisés estiment qu'il aura fallu près de cinquante ans pour oublier le A des clippers et concevoir réellement un B : un paquebot avec gouvernail hydraulique nettement plus imposant et une carène dépouillée du plan antidérive historique. Les concepteurs du Titanic n'auraient-ils pas mieux fait de désapprendre du clipper pour s'ouvrir au B et ainsi éviter cette catastrophe A' du Titanic ?

Disrupter l'existant (le A) revient à faire du A'.

→ Elon Musk, P.-D.G. de Tesla, fondateur de SpaceX, témoignait que, lors de la conception de la Tesla, ils avaient maille à partir avec un ingénieur qui voyait forcément le véhicule électrique doté d'une boîte de vitesses mécanique. Heureusement, ses boîtes se sont cassées à chaque essai, ils ont pu ainsi s'en libérer à bon escient pour proposer la Tesla. Les constructeurs historiques ont considéré à tort la Tesla comme du A' (voiture électrique), car, en désossant la Tesla 3 tout récemment en 2020, Toyota et Volkswagen se sont rendu compte que celle-ci avait six à sept ans d'avance sur leurs projets de véhicules électriques qui en sont encore au stade de la conception : les Tesla sont conçues comme un système mobile connecté complet B à travers une architecture numérique qui optimise et supervise l'usage et la sobriété de l'ensemble (batteries-propulsion et freinage électrique). De cette architecture résultent des années d'avance au niveau de l'électronique embarquée, de l'intégration *hardware-software* et du groupe batterie-propulsion (avec même des batteries capables de revendre leur énergie dans un réseau type smartgrid). Notons que c'est à partir de cette architecture que Tesla assemble ce qui ressemble à une automobile : châssis, carrosserie, roues, habitacle. Les constructeurs historiques ont été leurrés par cette apparence A' pendant près d'une décennie et il leur a quand même fallu attendre plus de trois ans après le lancement de la Tesla 3 et onze ans après le premier prototype de la model S pour s'intéresser à comprendre le B qui leur manque cruellement aujourd'hui.

Des disruptions majeures nombreuses ont été portées par de nouveaux entrants qui, de fait, n'avaient aucun existant à disrupter, ils se sont contentés d'en créer.

→ IBM a laissé Microsoft et l'a même aidé à développer les micro-ordinateurs qui ont disrupté les grands systèmes. Microsoft n'a pas su inventer Google devenu Alphabet aujourd'hui. Alphabet n'a pas su inventer Facebook et a échoué à le copier avec Google +. Ces mêmes acteurs, IBM, Microsoft, Google, auraient pu et dû inventer le cloud. Or, c'est un e-commerçant, Amazon avec AWS

(Amazon Web Services), qui l'a fait en 2008, comme nous le verrons plus loin en en devenant depuis leader.

→ Ce n'est pas l'horlogerie suisse qui a créé les montres connectées, lesquelles, comme le dit Apple, ont aussi un petit détail : elles donnent l'heure.

→ Ce ne sont pas non plus les fournisseurs de lunettes et de verres de lunettes qui portent ce qu'Apple semble en voie de créer : des lunettes intelligentes apportant de la réalité augmentée et capables de corriger les problèmes de vue tels que l'astigmatisme, la myopie et l'hypermétropie.

→ Slack, plateforme de communication collaborative et de gestion de projets, fut développée pour les besoins internes d'une société de développement de *serious gaming*, Stewart Butterfield's, en vue de réunir au même endroit les courriels de correspondance et les fichiers de travail. Lancée ensuite auprès du grand public, Slack a sérieusement concurrencé la messagerie Outlook de Microsoft. Elle a été acquise en 2021 par Salesforce pour 27,7 milliards de dollars.

→ Ce ne sont pas les concepteurs d'avions de chasse qui ont inventé le drone de combat qui va pourtant les substituer progressivement. L'origine de ces drones provient de l'univers des modèles réduits et des premiers drones d'exploration sous-marine (Comex).

Des études[18] montrent que les disrupteurs ne raisonnent pas en termes de concurrence à assiéger et ne cherchent pas à envahir les forces existantes : ils se contentent de se mettre en errance pour trouver des effets possibles et raisonnent en termes de nouvelle création de valeur potentielle. Le fait que des acteurs historiques d'un business donné se retrouvent disruptés est un constat à titre posthume et non pas une intention initiale des disrupteurs. Oui, les disrupteurs sont amenés à raisonner en termes de concurrence dans la suite de leur parcours, même si tôt ou tard cela peut leur nuire à leur tour.

Toute entreprise doit, un jour ou l'autre, non pas disrupter son existant, mais créer une disruption.

→ L'exemple de Gillette étaye cela de manière caricaturale : la deuxième lame de rasoir fut inventée par Gillette en 1998. Ce fut un vrai B par rapport au rasoir une lame (le A de l'époque). Il faut faire attention toutefois à ne pas faire du B' (trois lames de rasoir), puis du B'' (cinq lames de rasoir), car, à force de rajouter des lames :

- on ne peut plus raser autour du nez ;
- les interstices entre les lames étant ultraréduits, les poils se coincent dedans ;
- le coût de fabrication augmente, alors que le rasoir reste un objet de commodité. Ce sont de nouveaux entrants qui ont amélioré sa commodité en proposant de livrer périodiquement un coffret rasage au consommateur.

Si Gillette continue à rajouter d'autres lames, leurs salariés vont sérieusement penser que ça ne va pas le faire :

- faire du A' (ou du B' au stade où est rendu Gillette) conduit à la déprime invisible et réelle de l'ensemble du personnel de l'entreprise ;
- il n'y a rien de pire que l'acquiescement sournois des salariés de l'entreprise face à la proclamation d'une fausse formidable innovation, car cela enfonce encore plus l'entreprise à ne plus créer de disruption.

Ne pas se déporter de son A nous mène à croire faire une disruption B sans se rendre compte que c'est en fait un A' non disruptif, avec potentiellement un mauvais concept à la clé. Commencer par détruire la vision du A avec enthousiasme, c'est ce qui permet de s'en déporter.

Vouloir faire aussi bien que l'éclairage électrique en partant de la bougie aboutira au pire des concepts.

Ce qui piège l'intelligence collective

Notre caverne de pensée piège notre intelligence collective à se scléroser dans ses croyances collectives.

L'allégorie de la caverne fut exposée par le philosophe Platon quatre siècles avant Jésus-Christ : au fond d'une caverne (sur la gauche de la figure 5), des hommes vivent accroupis contre un mur. Ils y ont été enchaînés depuis leur plus jeune âge sans pouvoir tourner la tête pour voir autre chose que le fond de la caverne. Derrière le mur se trouvent des hommes libres qui ont fait un feu de l'autre côté de la caverne (sur la droite de la figure 5) : ils manipulent des marionnettes devant le feu pour animer une image projetée par le feu au fond de la caverne. Les hommes enchaînés n'ont jamais pu voir autre chose que cette image projetée. Ils sont convaincus que ce qu'ils voient est réel puisqu'ils l'ont toujours connu.

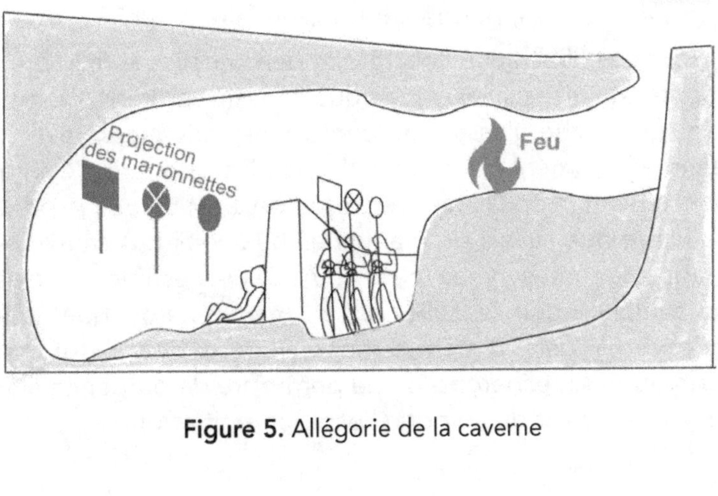

Figure 5. Allégorie de la caverne

C'est alors que Platon libère une des personnes enchaînées : celle-ci se lève et découvre les agissements des marionnettistes. Elle est convaincue que ce qu'elle voit n'est pas la réalité et décide tout simplement de retourner à sa place. Désespéré, Platon sort une des personnes enchaînées en dehors de la grotte : celle-ci est éblouie par la lumière qui la dérange et la fait souffrir, mais elle finit par ouvrir ses yeux, car elle est attirée par la réalité extraordinaire qu'offre l'extérieur de la grotte. Elle décide alors de retourner dans la grotte pour sauver ses pairs, mais les personnes de la grotte vont la tuer. Souvenons-nous de ce qu'il s'est passé en 1857, soit près de 2 200 ans plus tard, quand Galilée a démontré que la Terre était ronde : il a été jugé et condamné à la prison.

Cette allégorie est souvent interprétée ainsi : les marionnettistes sont des influenceurs qui dirigent le collectif vers des causes particulières, comme peut être le terme « influenceur » sur les réseaux sociaux. Ouvrons-nous à une autre interprétation qui s'applique à chacun d'entre nous. Les « marionnettistes internes » qui règnent en chacun d'entre nous sont nos croyances limitantes et ou erronées, qui nous trompent dans notre propre caverne, par opposition à d'autres croyances inspirantes et engageantes comme la passion, le rêve, la curiosité qui, elles, pourraient nous en faire sortir.

Voici une illustration concrète et personnelle : je m'apprête à monter sur un escalier mécanique dans un aéroport. Comme il est en marche, j'essaie de coordonner ma vitesse avec la sienne au moment de monter dessus. En réalité, il n'est pas en marche et le décalage avec ma vitesse est tel que je perds l'équilibre que j'avais pourtant cherché à initier. À cause des filtrages de mon cerveau (*cf.* note 7), celui-ci estime que c'est une évidence que l'escalier est en marche, alors que cette évidence est parfaitement erronée, voire débile. Cette mise en situation va, espérons-le, me permettre de purger ce filtre qui m'empêchait de voir que l'escalier était arrêté !

Élargir cette interprétation au niveau de l'intelligence collective nous amène à l'un de ses premiers travers :

- les marionnettistes de l'entreprise représentent ses croyances limitantes dont le collectif est esclave et qui constituent sa quête de confort mental ;
- le fond de la caverne représente la camisole de la pensée collective.

Le deuxième travers de l'intelligence collective est de tomber dans le biais du conformisme[19] : plus le nombre de personnes partageant une opinion est élevé, plus il devient difficile d'affirmer un point de vue divergent. Selon l'expérience réalisée par le psychologue S. Asch[20], quand tour à tour des personnes vont dire la même contre-vérité, alors les autres personnes vont attester que c'est une vérité « vraie ». Le cerveau de ces personnes va se déconnecter du raisonnement analytique de la vérité pour rester connecté et se conformer au collectif. Ce travers nous amène à nous interroger : en quoi nos pratiques d'intelligence collective tarissent la curiosité individuelle de chacun évoquée précédemment ? On peut se demander si l'intelligence collective n'est pas devenue un fantasme universel, quand on sait que le moteur de recherche Google propose plus de 150 millions de contenus répondant à ce terme.

Le travers de l'intelligence collective, c'est de nous enfermer dans nos croyances et le conformisme qui nous en rendent esclaves. Inquiétons-nous de la citation du romancier Goethe « Nul n'est plus esclave que celui qui se croit libre sans l'être », alors que, comme le dit le militant politique Gandhi, « à l'instant où l'esclave décide qu'il ne sera plus esclave, ses chaînes tombent ».

L'allégorie de la caverne comporte un dernier travers pour nos entreprises confrontées à de plus en plus d'incertitudes dans leur environnement. Lorsque ce dernier est incertain, le plus gros danger vient de l'écart entre ce que nous croyons savoir et ce que nous ne savons pas que nous ignorons. Cet écart s'est révélé crucial lors de la guerre d'Irak. Pour gouverner dans un environnement incertain (snipers égarés venant de partout), il faut aller chercher les *Unknown Unknowns* (ce qu'on ne sait pas qu'on ne le sait pas). Ce concept est porté depuis auprès des entreprises, car, malheureusement, plus l'environnement est incertain et plus elles chercheront à se protéger avec leurs croyances, comme en témoigne le philosophe F. Nietzsche : « Souvent les gens ne veulent pas voir, entendre et parler de la vérité parce qu'ils ne veulent pas que leurs illusions soient détruites. »

Des antidotes à l'enfermement naturel dans les croyances collectives

> *Favoriser la dissidence et la transgression de chacun*

Toute innovation significative dans l'histoire de notre civilisation a été produite par des esprits mécontents de l'existant, rebelles par rapport au conformisme ambiant, ou encore, animés par un rêve que l'existant n'autorisait pas a priori. La dissidence et la transgression sont le propre de la métaphore « destruction créatrice » qui avait été soulevée par le philosophe F. Nietzche, puis reprise par l'économiste J. Schumpeter.

En entendant les mots « dissidence » et « transgression », vous ressentez peut-être un abîme qui serait de créer des tensions entre les personnes, voire de créer le chaos dans vos équipes. Or, au contraire, il ne s'agit pas de dissidence au sens de se séparer du collectif et encore moins de critiquer telle ou telle personne, mais de dissidence enthousiaste et absolument optimiste par rapport à la pensée établie qui ouvre la curiosité collective.

La figure 6 illustre la vertu de nous déporter de notre caverne de pensée collective et ainsi libérer nos chaînes en favorisant des rituels de transgression et de dissidence par rapport à nos croyances.

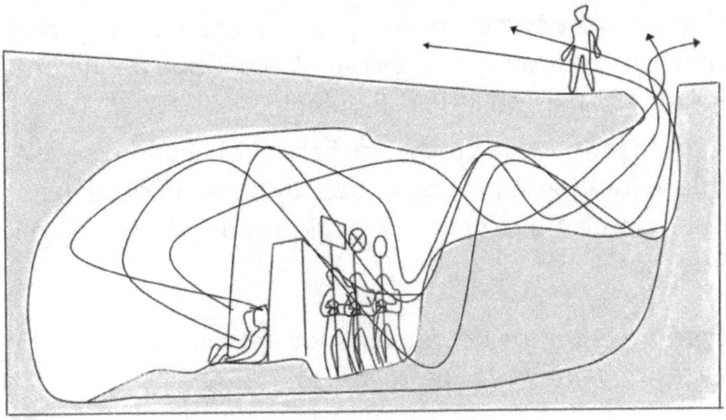

Figure 6. Allégorie de la caverne (suite)

Souvenons-nous des deux derniers bénéfices de la curiosité pour l'entreprise cités par l'étude de F. Gino (*cf.* note 13) : réduction des conflits et meilleure dynamique collective.

Un professeur d'Harvard, G. Pisano, révèle dans un article que les entreprises efficientes en innovation cultivent une culture où chacun se sent psychologiquement sûr, mais se comporte « brutalement de manière candide », en fournissant et en acceptant des critiques franches : « La critique est une marque absolue de respect qu'il ne faut pas confondre avec la bienveillance et la politesse, car si les gens ont peur de critiquer, alors l'innovation est terrassée[21]. » C'est la raison pour laquelle je privilégie des sessions de travail en groupe silencieuses, où chacun est libre de tous ses écrits et donne aux autres toutes les contraintes et critiques qui lui passent par la tête, du moment qu'elles sont neutres vis-à-vis des personnes (si possible en les assortissant d'au moins une idée de réponse). Le groupe doit rebondir silencieusement sur chacune de ces marques de respect données. Si l'art de critiquer peut paraître péjoré aujourd'hui, il mérite d'être complètement revalorisé. « Critiquer » vient du mot grec *krino* qui signifie « capable de juger, d'évaluer, d'interpréter ». Priver le collectif de ce don est un véritable gâchis :

- C. Nemeth, psychologue et professeur à Berkeley, montre dans une étude[22] que le débat et la critique n'inhibent pas les idées, mais qu'ils les stimulent ;
- R. Verganti[23], de la Stockholm School of Economics, allègue que le jugement provoque des ruptures de pensées… qui manquent cruellement aux pratiques de génération d'idée (idéation).

> ***Prendre le temps de détruire nos croyances avant de faire de la créativité***

On pense souvent que le problème dans nos entreprises, c'est qu'il manque du temps à cause des nécessités que nous avons au quotidien. Or, la question n'est pas le temps qui manque, mais le temps à prendre pour ce deuxième antidote, comme le souligne A. Einstein : « Si j'avais une heure pour résoudre un problème dont ma vie dépendait, je passerais les 55 premières minutes à chercher la meilleure question à me poser, et lorsque je l'aurais trouvée il me suffirait de 5 minutes pour y répondre. » En clair, il prendrait 92 % de ce peu de temps disponible pour l'employer à cet antidote.

Pour nous décaler de notre existant et nous départir de nos croyances, nous pensons qu'il faut naturellement commencer par faire des réunions de créativité et produire des idées, or c'est justement une croyance. Si nous ne prenons pas le temps de détruire nos croyances limitantes ou erronées, alors toutes nos idées trouvées seront situées à l'intérieur de la caverne (*cf.* figure 7). Cette croyance est très perfide, car elle nous donnera l'impression d'avoir trouvé des idées géniales, alors que ces idées se situent précisément… dans le faisceau de nos croyances (notre façon de croire à la vente à distance) :

elles ne font que nous éblouir dans nos croyances. Nous penserons sérieusement être sortis de la caverne, alors que c'est justement faux : toutes les idées que nous avons trouvées nous conduisent dans du pur A'.

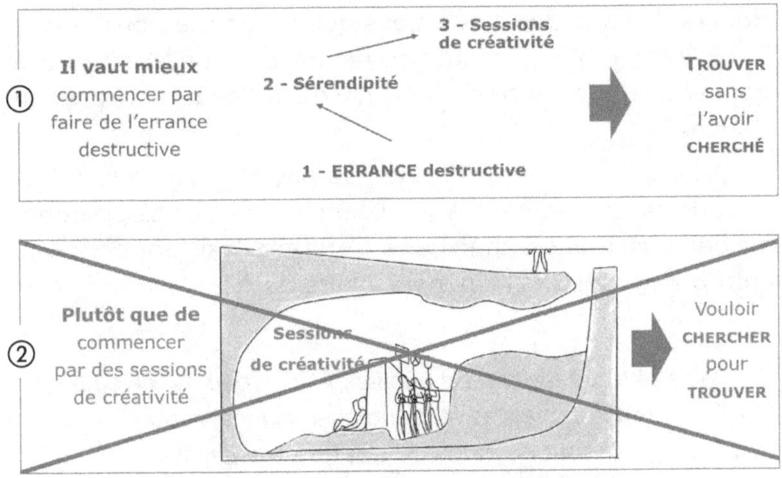

Figure 7. Privilégier ① et se détromper du ②

Comme le montre la partie haute de la figure, la meilleure source d'inspiration de nos cerveaux est de prendre le temps de nous libérer de la caverne en acceptant de détruire nos croyances limitantes. C'est bien la séparation entre le premier temps de destruction et le deuxième temps de création qui engendre la destruction créatrice. En effet, la créativité n'est que l'expiration de nos cerveaux. Or, leur inspiration est obturée par nos croyances limitantes. Il faut donc prendre le temps d'engager collectivement des errances destructives de ces croyances pour inspirer nos cerceaux. La créativité vient ensuite et elle en devient transcendée.

La création par la créativité n'a de sens que s'il y a destruction qui ouvre l'inspiration. Destruction puis création correspond à créer une disruption et constitue le moteur de la sérendipité.

Plus les mutations sont importantes, plus elles sont en discontinuité de nos croyances établies, et plus il faut prendre ce temps. Cette inspiration collective doit permettre de nourrir des inattendus. Par essence, ceux-ci purgent nos croyances limitantes et ouvrent de nouveaux possibles, permettant alors de trouver des innovations qui viennent à nous et que l'on n'avait pas cherchées : comment peut-on s'attendre à trouver quelque chose de nouveau quand on sait ce que l'on cherche ?

Celui qui cherche de l'or ne fera pas attention aux autres ressources qui s'offrent à lui. Chercher de l'or s'apparente malheureusement à chercher à disrupter l'existant pour une entreprise établie et l'amènera à faire du A'.

Faire de la créativité n'est que l'expiration de nos cerveaux,
or nos croyances vont endiguer leur inspiration.
Ce sont les rituels de dissidence collective
et de destruction expérimentale de nos croyances
qui vont nous inspirer pour trouver des choses
que nous n'avions pas cherchées.

Des prises de temps nécessaires

Vouloir innover vite ou chercher pour trouver nuisent à l'efficience de l'innovation.

Prendre le temps peut surprendre, quand sans cesse est rabâchée la nécessité de bouger vite et de redoubler d'agilité, laquelle semble très souvent assimilée à s'adapter vite. Serait-ce justement une croyance limitante ? On dit souvent que les disruptions sont brutales et fulgurantes, or cela mérite la nuance suivante : elles mettent un temps fou avant d'arriver et ensuite, oui, elles décollent de manière fulgurante.

Adam Grant, professeur à la Wharton School, a porté des études[24] à travers lesquelles il soutient ceci : la vérité qui peut être difficile à admettre et/ou à assumer est que l'innovation n'est pas un sprint, c'est un marathon. Il souligne que les penseurs originaux sont tous des procrastineurs, ce qui les mène à de meilleures idées. Une expérience réalisée par J. Shin confirme les vertus de la procrastination : on demande à des participants de générer de nouvelles idées sur un sujet posé. Une première partie des participants choisie au hasard est invitée à démarrer tout de suite sa production d'idées sur le sujet, quand l'autre partie, elle aussi choisie au hasard, est invitée à commencer à jouer à un jeu vidéo, Démineur ou Solitaire, pendant cinq minutes avant de démarrer sa production d'idées. Des examinateurs neutres évaluent ensuite l'originalité de toutes les idées des deux groupes sans connaître leur géniteur : les idées du second groupe sont 28 % plus créatives que celles du premier. Dans une autre expérience, on propose à un troisième groupe de jouer d'abord au jeu vidéo, Démineur ou Solitaire, pendant cinq minutes, puis on leur annonce le sujet. Il apparaît que leurs idées sont aussi peu créatives que celles du premier groupe. Cela veut dire qu'au moment d'engager une session de créativité sur un sujet, si vous différez la production d'idées en commençant par de l'errance, cela amplifie l'originalité de vos idées et votre pensée divergente.

Adam Grant soutient que la procrastination ne veut pas dire paresse, laquelle « serait d'éviter une tâche qui semble désagréable ». Cela nous rapproche singulièrement de la citation de l'écrivain F. Kafka : « Il y a deux péchés cardinaux d'où jaillissent tous les autres : impatience et paresse. » Serait-ce une forme d'impatience de nos entreprises qui inhiberait notre pensée divergente ? Voici le sens de la procrastination préconisé par Adam Grant : « Concentrez-vous moins sur la crainte de commencer la tâche aujourd'hui mais plus sur la joie de la terminer demain. » Le terme « procrastination » étant péjoré, nous emploierons le terme de « temporisation » qui semble plus juste et qui s'inscrit parfaitement dans l'art de zigzaguer qui est propre aux disrupteurs et qui sera développé par la suite.

Pour étayer encore mieux à quel point les disruptions peuvent prendre du temps avant de décoller de manière fulgurante, reprenons l'exemple de Tesla (*cf.* figure 8).

→ C'est en 2002 que Martin Eberhard, préfondateur de Tesla avant l'heure, s'intéresse en totale ouverture et avec une errance totale à toutes les solutions potentielles pour remplacer la propulsion à énergie fossile des automobiles : hydrogène ; électrique *via* telle ou telle technologie de batterie et de propulsion. Il aboutit ainsi à une réponse à base de batterie lithium ion, jusque-là employée sur des appareils numériques (smartphone, tablette, etc.). Or, ces batteries ne connaissaient pas un volume de fabrication suffisant pour les rendre économiquement accessibles sur un tel volume de puissance requis pour une voiture. C'est pour cette raison qu'il entreprend de faire un véhicule électrique haut de gamme en termes de prix avec cette technologie et de coopérer avec Panasonic pour fabriquer ces batteries. La production du premier véhicule Tesla, le Roadster Tesla, débute six ans plus tard en 2008 (la rencontre avec E. Musk ayant eu lieu en 2004) sur base d'un véhicule Lotus vendu par Internet et par le bouche-à-oreille (pas de concession). C'est aussi en pleine crise de 2008 que Tesla trouve des fonds pour faire un véhicule 100 % Tesla, la model S, et pour construire l'usine qui fabrique le groupe motopropulseur (moteur, transmission, électronique de puissance). En 2009, Tesla commence à fabriquer et à vendre des sous-ensembles électriques pour Daimler puis Toyota en 2010. On peut penser que le développement fulgurant de Tesla commence réellement à partir de 2012.

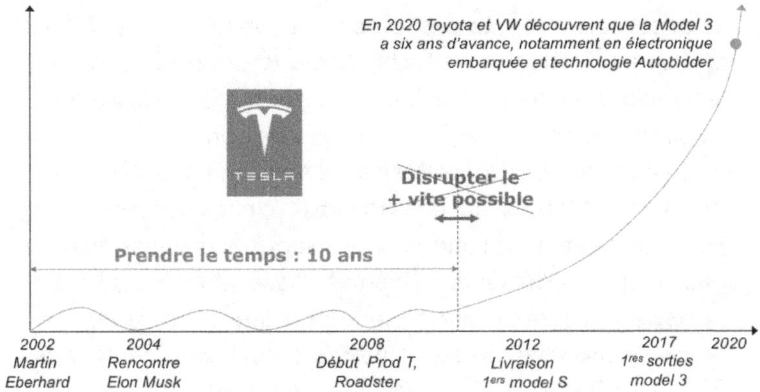

Figure 8. Tesla : un cycle lent et long, prélude au développement fulgurant

Clairement, le développement fulgurant de Tesla constaté depuis résulte de dix années, depuis 2002, à prendre le temps sans aucunement paresser, comme le concède E. Musk à propos de Martin Eberhard qui a quitté tesla en 2007 : « Sans les indispensables efforts de Martin, Tesla n'en serait pas là aujourd'hui. »

Comme nous l'avons vu précédemment, la Tesla 3 a six ans d'avance par rapport à la conception actuelle de Volkswagen et Toyota, or elle a été dévoilée en mars 2016 et c'est en 2014 qu'a commencé la construction de l'usine Gigafactory de Tesla avec son partenaire Panasonic (censé augmenter le volume de fabrication et le coût de fabrication de manière ambitieuse). Cela veut dire qu'en 2014, date de sa conception, la Tesla 3 avait en fait douze ans d'avance, qui résultent bien de cette fabuleuse prise de temps entre 2002 et 2012. Si ces constructeurs ont encore cinq à six ans de retard sur la Tesla, c'est peut-être aussi parce qu'ils se sont empressés récemment de sortir un nouveau modèle 100 % électrique pour contrer le succès de Tesla sans prendre le temps de temporisation utile au départ. En juin 2020, Tesla devient le constructeur automobile le mieux valorisé en Bourse au monde, même si sa valorisation ne reflète pas forcément son niveau de chiffre d'affaires. Cette avance technologique pourrait expliquer les propos en janvier 2020 du patron de Volkswagen : « Volkswagen aura le même sort que le fabricant finlandais de téléphones portables Nokia s'il ne réagit pas très tôt et très vite. » Notons au passage que c'est en septembre 2015 qu'éclatait le scandale Volkswagen des émissions de gaz truquées de leurs véhicules diesel aux États-Unis. : Volkswagen aurait clairement dû prendre le temps de l'errance destructive de ses moteurs diesel dès les années 2000. Il n'est pas sûr qu'en bougeant vite Volkswagen réussisse la destruction créatrice de son diesel. Ferait-elle mieux de prendre le temps de faire des errances destructives de sa pensée pour ensuite prendre de l'avance sur Tesla ? L'histoire nous le dira (la première Porsche sortie il y a près de cent vingt ans, la P1, était une voiture électrique qui avait d'ailleurs remporté le test de l'efficacité énergétique). Tesla semble souffrir néanmoins d'un point faible révélé plus récemment de manière instante (problèmes de fiabilité sur ses véhicules), dont l'histoire nous dira aussi les éventuelles conséquences à long terme : l'entreprise Tesla aurait-elle failli à prendre le temps, cette fois-ci nécessaire pour avoir des véhicules irréprochables ?

Éléments remettant en cause la croyance de la nécessité de bouger vite

Une étude[25] a employé du big data pour déterminer quel était l'âge moyen des fondateurs de start-up ayant connu les croissances les plus significatives au moment de leur création. Il se situe à 42 ans, ce qui s'oppose à une croyance que les disrupteurs seraient tous de jeunes entrepreneurs : même si ces derniers ont des rêves prometteurs, seraient-ils parfois trop impatients ? Comme le dit le philosophe Confucius, « une petite impatience ruine un grand projet». Souvenons-nous que les abeilles butineuses sont celles qui ont accumulé patience et expérience.

Une autre étude[26] révèle que les patrons du Fortune 500 aux États-Unis qui avaient annoncé des virages digitaux brutaux avec des investissements majeurs ont tous été remerciés quelques années plus tard (avec un exemple notable, celui de GE, laquelle a connu depuis sa première récession de toute son histoire) et nous donne l'explication suivante : « En tant que P.-D.G., il peut être tentant de penser aux premières phases d'un changement technologique radical comme une chance de dominer un nouveau marché plutôt que d'en apprendre davantage sur le marché. Investir en avance sur la courbe est logique lorsque nous savons ce qu'est la courbe. Mais, avec la transformation numérique, il y a beaucoup d'exploration et de compréhension à accomplir avant que la courbe ne commence à prendre forme. » Dans la continuité de cette étude, on peut penser que mettre beaucoup de moyens financiers pour disrupter empêche de créer une disruption, puisqu'il faut d'abord consacrer énormément de désapprenance, laquelle s'accomplit avec beaucoup d'investissement en temps et avec des moyens congrus (*cf.* chapitre 2).

Les cas où ce ne sont pas les premiers entrants qui ont tiré leur épingle du jeu sont légion face à des plus patients, mais non paresseux :

- Yahoo et Altavista, créés en 1994, ou encore AOL en 1985, remplacés par Google dès 1999, lequel avait pris trois ans et demi pour développer sa technologie de reconnaissance contextuelle permettant de faire correspondre au mieux le sens de la recherche avec celui des contenus sur le Web. La clé n'était pas l'accès à Internet, mais l'accès à la pertinence sur Internet ;
- Netscape, pionnière du World Wide Web en 1994, supplantée par le logiciel Internet Explorer de Microsoft

lancé quatre ans plus tard avec Windows 98, lui-même supplanté quatre ans plus tard par Firefox lancé par Mozilla en 2002, puis six ans plus tard par Google Chrome lancé en 2008 ;

- Second life et Myspace, précurseurs des réseaux sociaux, supplantés par facebook.com fondé en 2004 pour les élèves d'Harvard et qui leur était exclusivement réservé. Ce n'est qu'en 2006 qu'il fut élargi à d'autres universités pour connaître le succès en 2010. Cette application a certes été fondée par de très jeunes entrepreneurs, mais ils ont fait preuve d'une belle patience. Le même facebook.com serait-il en train de se faire supplanter par tiktok.com qui a été lancée par ByteDance en 2017 et qui connaît un succès fulgurant auprès des jeunes en s'appuyant sur de l'intelligence augmentée pour cibler des vidéos de partage pertinentes à envoyer à chaque utilisateur ;
- les quelques sites[27] arrivés sur Internet dès 1995 pour trouver un hôte prêt à vous loger lors d'un voyage ont été supplantés par airbnb.com, dont l'origine date de 2007 et le succès ne commence qu'à partir de 2010 ;
- les diffuseurs de contenus vidéo (Comcast créée en 1963, Canal + en 1984) supplantés par Netflix qui se lance en 2007 dans la location de films en vidéo à la demande, laquelle prendra quelques années pour décoller et nécessitera de fabriquer du contenu vidéo supplantant potentiellement les majors de l'édition de films.

Nous serions tentés en lisant ces exemples de penser que les derniers arrivés ont réussi, car les premiers arrivés étaient trop en avance par rapport au marché. Il arrive que ce soit le cas, mais attention à ne pas généraliser ce propos :

- toute innovation par essence n'est pas attendue par le marché : il faut donc trouver le bon angle pour créer son marché. Souvent la vraie cause de l'échec d'une innovation, c'est que ses porteurs n'ont pas su trouver le bon angle. Dire que c'est parce que l'innovation était trop en avance est une excuse pour s'en disculper et devient une croyance absolument limitante ;

- même si les exemples ci-dessus concernent des acteurs arrivés bien après les autres, pour une bonne partie d'entre eux, la réussite est plus liée à la faculté de prendre le temps pour trouver le bon bon angle qu'à un bon timing.

L'innovation et la disruption ne sont pas une fin en soi, mais les résultantes d'un parcours : les disrupteurs sont des temporisateurs qui finissent par trouver sans l'avoir cherché.

Comment éviter les pièges du statu quo

Les mutations lentes et indésirables et la réussite passée de l'entreprise la piègent dans le statu quo, alors qu'elle devrait justement s'en sortir.

Rappelons ici le syndrome de la grenouille. Si vous plongez une grenouille dans une casserole d'eau froide en allumant le réchaud de la casserole à feu doux, la grenouille va trouver la température agréable et va s'adapter à son augmentation, puisqu'elle est lente. Toutefois, lorsque la température de l'eau se rapproche de celle de l'ébullition, la grenouille est engourdie et meurt subitement. Prenez maintenant une autre grenouille et plongez-la dans de l'eau à température d'ébullition : elle va tout de suite sauter de la casserole pour s'extraire de cette température mortifère.

Ce syndrome fut popularisé par l'anthropologue G. Bateson[28], pour se demander si l'être humain n'est pas dans la situation de la grenouille face à son environnement.

Prenons l'exemple des entreprises de la grande distribution face à Internet : le premier navigateur web apparaît en 1993, puis arrivent diverses sociétés voulant créer en Europe du e-commerce (Cdiscount en 1998, Amazon en 2000). À cette époque-là, les géants de la distribution s'épanouissaient dans leur casserole qui leur promettait de nouveaux développements. Malheureusement pour elles, le développement du e-commerce s'est clairement réalisé, mais de manière très lente.

→ En 2019, Carrefour, Casino et Auchan annoncent une réduction drastique de leur nombre de grandes surfaces. On peut penser que c'est en 1999 qu'il fallait commencer à sauter de la casserole avant qu'elle ne bouille en 2019. Ce sont les décideurs de 1999 qui sont responsables de la situation en 2019. À leur décharge, rien ne les obligeait à le faire puisque, pendant leur période de gouvernance, les chiffres étaient bons.

→ Un membre du comité de direction d'un des géants du bricolage me relatait cette expérience qu'il a vécue huit ans après le début du feu doux : « Nous étions en train de porter auprès du Comex un projet de type ManoMano (place de marché bricolage-jardinage sur Internet) pour nous lancer dans l'e-commerce à 100 %, quand un des dirigeants nous rétorque qu'Internet n'est pas une révolution, qu'il suffit de regarder les chiffres, que le e-commerce, c'est moins de 1 % du commerce, qu'il faut alors arrêter. » Puis un autre défend que le e-commerce n'est pas éligible au bricolage, car il faut apporter du conseil au client. Ce projet qui visait à se sortir du feu doux de la casserole pour le transformer en opportunité a finalement été rejeté, car le comité a préféré utiliser Internet pour faire venir les clients dans leurs magasins en s'entichant de la sorte du multicanal. La suite de l'histoire vingt ans après le début du feu doux a pourtant largement contredit ces dirigeants :

- Amazon s'est lancé dans le bricolage en 2012-2013, avec un nombre de références largement supérieur à toute enseigne physique (grâce à sa plateforme de e-commerçants) et est même devenu l'enseigne préférée des Français quelques années de suite ;
- ManoMano a été créé en 2012 avec le succès qu'on connaît ;
- Internet est une vraie solution pour apporter tous les conseils avisés propres au bricolage : on y trouve un catalogue extraordinaire de tutos bricolage et des applications pour mettre en relation des clients souhaitant faire des travaux avec des bricoleurs censés en avoir la compétence (Frizbiz, etc.).

Ces exemples et témoignages montrent que ce syndrome de la grenouille est parfaitement et malheureusement humain. Ils correspondent au biais cognitif du statu quo qui fausse les décisions stratégiques. Le terme « statu quo » trouve son origine dans la locution latine *in statu quo ante*, qui veut dire « en l'état d'auparavant » ou encore « comme les choses étaient avant la guerre ». Cette expression était employée dans les traités d'après conflit pour restaurer la souveraineté qui prévalait avant le début du conflit.

Si ce biais est bien connu (par exemple en finance comportementale) et tellement redouté :

- quels sont les antidotes sur le plan stratégique pour l'entreprise ?
- face à d'inévitables mutations majeures, comment éviter de nous statufier dans le statu quo (le géant Exxon vient de brutalement tomber de son piédestal en ayant parié sur le pétrole et le gaz) ?

Les causes majeures de statu quo en entreprise

Premières causes : les mutations lentes et indésirables

Ce sont les plus dangereuses pour nos entreprises. En effet, pour l'enseigne de bricolage, Internet était une mutation majeure, mais lente dans sa progression qui a nécessité jusqu'à vingt années pour faire sérieusement souffrir les acteurs historiques. Par ailleurs, Internet n'était pas désirable pour cette enseigne de bricolage qui, au fond, ne voulait pas que les bricoleurs trouvent des conseils et des services avisés en dehors de leurs magasins (*cf.* posture de vouloir protéger notre leadership historique).

La crise de la Covid-19 nous concerne tous à ce titre. Elle est arrivée de manière fulgurante et elle a provoqué des effets brutaux et mondialisés : il a suffi qu'un pilier sanitaire s'effondre à un endroit pour que tous les piliers soient à l'arrêt (même des porte-avions de certains pays) et il a fallu s'y adapter comme jamais (qui aurait cru qu'il faudrait signer un papier pour sortir dans sa rue ?). Par conséquent, elle suscite toute notre attention et elle masque (sans jeu de mots) toutes ces mutations causées à notre planète, mais terriblement lentes.

Sa brutalité résulte de la lenteur et de la nonchalance exacerbées des humains pour changer les outrages faits à notre chère planète : en avril 2020, P. Grandcolas, écologue et directeur de recherche au CNRS, relatait que la Covid-19 est une épidémie de zoonose (le réservoir de l'agent infectieux est animal) qui serait la conséquence d'une maltraitance indirecte de l'homme sur la biodiversité à plusieurs égards : chasser les animaux de leur élément (culture intensive et urbanisation) les rapproche de nous (le virus Ébola est propagé par des chauves-souris) ; massacrer les renards nuit à la régulation du nombre de rongeurs se nourrissant de tiques et propage la maladie de Lyme ; le trafic et le braconnage d'animaux mettent en contact des agents infectieux de différents animaux

(SRAS et Covid-19) ; faire de l'élevage intensif nous oblige à employer des antibiotiques pour protéger les animaux (maladie de Creutzfeldt-Jakob sur les bovins, saumons, etc.) tels que ça peut développer des résistances chez des bactéries potentiellement pathogènes pour les humains.

Cela veut dire, paradoxalement, que le plus gros problème concernant notre chère planète est qu'elle est extrêmement résiliente ou, si préférez, lente à souffrir et que ses effets sont dispersés dans l'ensemble des dimensions de notre écosystème. Par conséquent, nous tombons dans le biais du statu quo. Avec les impacts provoqués par la Covid-19, tant sanitaires, qu'économiques ou sociétaux, quelle personne aujourd'hui va prendre très au sérieux :

- ces microplastiques que nous avons trouvés récemment sur les cimes de l'Himalaya ou dans les crustacés et qui vont mettre des centaines d'années pour se décomposer ?
- le record de température, 38 °C, le 17 juin 2020 dans l'Arctique ?
- les nouveaux records d'incendies majeurs notamment en Australie et en Amazonie, les 160 incendies en juillet 2020 dans la région de Verkhoïansk ?
- les records de déforestation en Amazonie… en bonne partie liée à l'exportation d'aliments dans le monde entier ?
- les pertes de la biodiversité qui tarissent la résilience de l'écosystème ? Jusqu'à un million d'espèces végétales et animales sont menacées d'extinction en raison des activités humaines, selon le rapport 2019 de l'Institut de pharmacologie et de biologie structurale (IPBES) ?

Ces records ou inédits témoignent des effets dans la durée de la mutation lente de notre planète. Si nous ne sautons pas de notre casserole au plus tôt, nous et notre planète allons mourir engourdis dans une casserole qui sera furieusement bouillante bien plus tard.

Il ne faudrait pas que la crise de la Covid-19 cache les mutations lentes qui nous guettent, sachant qu'elle résulte elle-même de ces mutations.

Selon Sénèque, « la vie, ce n'est pas d'attendre que les orages passent, c'est d'apprendre à danser sous la pluie » :

- attendre que les orages passent, c'est faire face à la crise de la Covid-19 pour que nos entreprises et notre économie reviennent comme avant ;
- apprendre à danser sous la pluie, c'est accepter de sortir de la casserole notre planète qui souffre.

Sortir de la casserole et apprendre à danser nécessite de se mettre dans le chaos sous la pluie. Cela résonne particulièrement, avec la citation de F. Nietzsche : « Il faut porter en soi un chaos, pour pouvoir mettre au monde une étoile dansante. » Cela rejoint bien le propos précédent : vous ne sortirez pas de votre carafe si vous n'acceptez pas de vous perdre.

Se mettre dans le chaos est l'antidote au statu quo. Cela crée la désapprenance nécessaire pour apprendre à danser sous les mutations lentes et indésirables.

> *Des pistes pour traiter cette première cause*

- Le collectif devrait redoubler d'attention pour détecter tous les signaux de premier réchauffement de leur casserole. Or, plus le feu est doux, et moins il est possible pour le collectif de s'en rendre compte. Un palliatif consiste à demander fréquemment à des acteurs externes :

- quels sont selon eux les signaux de réchauffement doux de notre casserole ?

– en quoi ce signal, selon eux, peut-il mettre notre entreprise en danger?

À partir de leurs réponses, le collectif devrait engager des actes pour aller à la rencontre des potentialités et des menaces sous-jacentes à chacun de ces feux doux à travers une itération d'*unlearning experiments* associées. Au cas où ce feu doux mettrait en danger l'entreprise dans son marché actuel, nous verrons que l'entreprise peut reconcevoir son métier, en désapprenant de son marché pour trouver de nouveaux débouchés que son métier mérite (*cf.* chapitre 2).

• Les mêmes hommes peuvent s'observer dans leurs propres comportements pour se rendre compte de ce qu'ils ne désirent pas, à travers leurs propos et leurs attitudes. Cette propre observation de soi-même s'appelle la métacognition : l'ensemble des processus, des pratiques et des connaissances permettant à chaque individu de contrôler et d'évaluer ses propres activités cognitives. Si cela peut paraître difficile de le faire à soi-même, ce n'est qu'une question de pratique régulière, il n'y a rien de tel que des processus collectifs de métacognition qui seront développés dans le comment. Par exemple, au beau milieu d'une réunion de réflexion, il serait précieux de proposer aux participants de consacrer cinq minutes à écrire sur des notes repositionnables tous les indésirables qui se seraient révélés de manière sous-jacente aux échanges. Cette approche ne peut être effective que si vous ouvrez et favorisez la dissidence collective. Elle sous-entend d'engager des errances expérimentales à partir des indésirables soulevés. Nous verrons plus loin comment l'entreprise peut errer utilement sur ces indésirables pour y débusquer des désirables cachés. C'est elle qui va nourrir la richesse de la dissidence collective.

• L'être humain est naturellement sujet à l'effet de vérité illusoire : plus nous répétons de fausses informations et plus nous croyons à ces fausses informations. À cet égard, les hommes de l'entreprise, et en particulier leurs dirigeants, pourraient utilement faire l'analyse de leurs propos pour révéler ce qu'ils clament et répètent à l'envi, grâce à des solutions couramment utilisées aujourd'hui d'analyse de contenu y compris audio (c'est ce que font les assistants domestiques comme Google home ou Amazon Alexa pour d'autres finalités). Une fois ces vérités sans cesse répétées identifiées, il s'agit alors de les soumettre non seulement à des acteurs internes, mais aussi à des acteurs externes à l'entreprise et qui côtoient ce que l'entreprise fait au quotidien, pour qu'ils alertent librement sur toutes les dissonances entre ce que les hommes de l'entreprise clament et la perception de ce que les autres en ont. Notons que les entreprises qui cherchent sans cesse à dire qu'elles innovent sont en réalité celles qui innovent le moins, car les vrais innovateurs n'ont pas besoin de le dire. Tesla ne clame rien dans ce sens, elle n'a d'ailleurs aucune promesse de marque, en revanche tout le monde reconnaît qu'elle innove dans les faits. On peut cependant se poser la question concernant la promesse de marque de Nissan qui clame « *innovation that excites* ».

Seconde cause : la dépendance au succès passé et au confort mental associé

En 1995, C. Handy, professeur à la London Business School, révèle la nécessité pour une entreprise de renégocier sa courbe en S (*cf.* figure 9).

Quand une entreprise se crée et se développe sur une nouvelle activité, elle évolue dans une forme de première courbe en S (courbe A de la figure 9) qui évolue vers une phase de maturité (située au sommet de cette courbe) et se termine fatalement par une phase de déclin. Cette entreprise doit donc « renégocier » son activité A, en constituant une nouvelle courbe en S qui s'apparente à un vrai B par rapport au A.

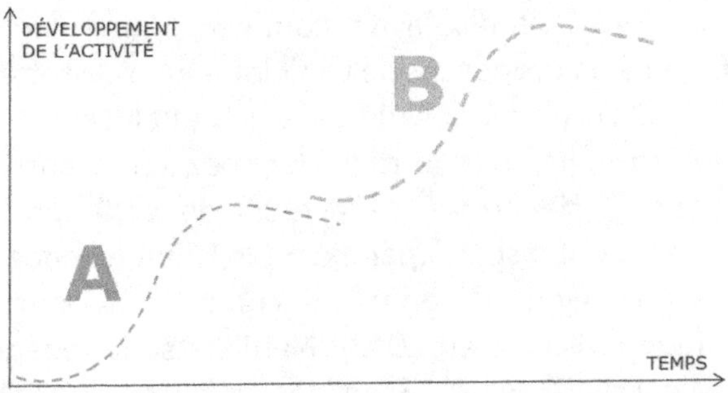

Figure 9. Nouvelle courbe de vie de l'entreprise pour se développer dans la durée

Renégocier, tel que le décrit C. Handy, s'apparente à se doter d'un B en discontinuité du A et non pas à faire évoluer le A vers du A', ce que nous avons vu précédemment (créer le e-commerce et non pas faire évoluer la vente à distance sur Internet ; faire un navire à moteur et non pas faire évoluer un clipper à voile). C'est bien ce B qui va porter l'entreprise vers une deuxième courbe en S.

Une autre étude[29] confirme que les entreprises qui sont les plus performantes dans la durée sont celles qui savent renégocier la courbe de leur S, non pas à la fin du cycle de son premier S, mais au meilleur de sa vitesse (point α de la figure 10).

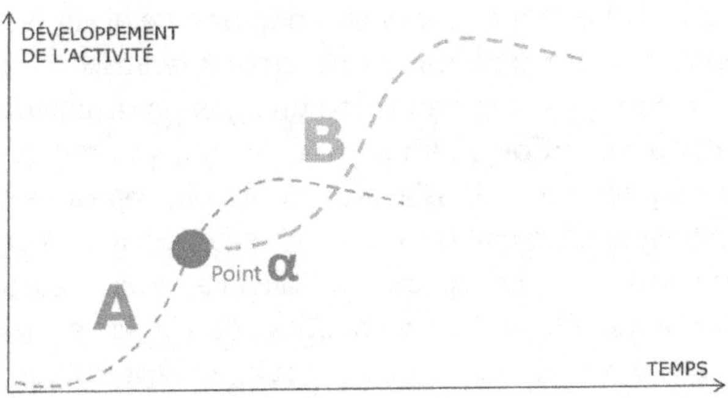

Figure 10. Négocier la nouvelle courbe au meilleur de l'ancienne

→ Dès 1997, Netflix avait commencé une première courbe en S en proposant de venir louer une cassette VHS ou un DVD *via* un robot situé dans un petit local commercial de proximité pour le regarder chez soi et ensuite le rapporter. Si de nombreux acteurs de cette première courbe en S ont disparu, par exemple CPFK (connue sous le nom d'enseigne Cinebank et Vidéo Futur victime de liquidation judiciaire en 2012), Netflix a su la renégocier au meilleur du S, dès 2007, en lançant la vidéo en ligne et à la demande sous forme d'abonnement. Si cette offre est devenue une évidence aujourd'hui, en 2007, le streaming vidéo cinématographique était un chaos total. Les producteurs de films craignaient les risques de piratage de leur contenu. Netflix a donc dû devenir producteur de contenu, pour accomplir cette nouvelle courbe en S, dont on connaît depuis la portée pour le développement de cette entreprise, ainsi que les disruptions subies tant par des diffuseurs de type Canal + que des éditeurs de films. En 2020, Netflix se retrouve peut-être à nouveau dans la nécessité de renégocier sa « vidéo à la demande », sans doute rendue au meilleur de son deuxième S. C'est ce que semblait dire son patron en remarquant que leur concurrent n'est ni HBO (*Games of Thrones*) ni les nouveaux arrivants (Amazon et Disney qui sont venus sur la même courbe en S), mais bel et bien Fortnite, dont le nombre d'utilisateurs a très vite dépassé celui de Netflix et dont la durée d'utilisation dépasse elle aussi celle de Netflix. Fortnite est un jeu vidéo en ligne en réseau social développé par Epic Games. Il a été notamment conçu pour magnifier le rôle d'acteur du joueur, employer les potentialités d'émulation par le réseau social et, certes, créer l'addiction. Est-ce que la nouvelle courbe en S de Netflix quittera le film où le spectateur est passif en inventant un divertissement pour lequel le spectateur est acteur ?

Ces études nous alertent par ailleurs sur le fait qu'il n'est ni facile ni concevable, voire contre-intuitif, pour une entreprise de perdre ce en quoi le A la porte. Cela empêche son collectif de porter le B qui va le substituer, d'où la consistance du mot « renégocier » : plus l'entreprise connaît une réussite exponentielle et plus elle va chercher à valoriser encore mieux ce que son S peut lui rapporter, mais son S devient le vecteur du statu quo. Pire encore, plus l'entreprise connaît une réussite et plus elle croit à sa supériorité par rapport aux autres, et à ce qui se déroule et réussit pour elle. Elle est en plein syndrome de l'hubris : selon la mythologie grecque, le jour où nous nous croyons supérieurs aux autres est le jour où les dieux vont s'en venger ; en réalité, les forces obscures sont celles que notre sentiment de supériorité a lui-même engendrées.

R. Hougaard, expert en leadership, nous met en garde sur ce syndrome : « Si nous laissons notre ego déterminer ce que nous voyons, ce que nous entendons et ce que nous pensons, alors nous avons laissé notre succès passé endommager notre succès futur. » Il n'empêche qu'une entreprise en pleine réussite (rendue au point α de la figure 10) s'enferme naturellement dans la caverne de son propre ego qui la flatte. D'où un article entier consacré par cet expert à l'ego qui est l'ennemi du leadership[30].

Le jour où l'entreprise devient fière de son parcours est le jour où elle devient victime de son futur statu quo.

Ce point α correspond au sommet de la sensation de compétences et donc au moment il faut se remettre brutalement en incompétence, faute de quoi, on se met dans le déni de la citation de Socrate : on sait ce qu'on sait, mais on devrait savoir qu'on ne sait rien.

→ Cela résonne avec les propos tenus par Xavier Niel en mai 2019, à l'égard du groupe Iliad (Free) qu'il a créé et fondé, au moment où celui-ci venait de perdre 40 % de sa valorisation en à peine un an : « On a baissé notre garde parce qu'on était trop sûrs de nous, insolents, probablement arrogants. Avec cette mentalité, très logiquement, on commet des erreurs et on a commis des erreurs. » Son témoignage renvoie directement au propos d'A. Einstein : « La seule chose plus dangereuse que l'ignorance est l'arrogance. » À ses débuts, Free avait disrupté tous les acteurs télécoms en proposant un accès Internet sans abonnement ni numéro surtaxé (1999), l'accès Internet illimité haut débit (2002) et l'offre triple play, ADSL, téléphonie et télé (2003). S'est ensuivie une remarquable courbe en S sur laquelle Iliad a pu surfer. Ce surf aurait-il provoqué le syndrome de l'hubris vingt ans après dans le groupe Iliad ?

Faire l'inverse de l'arrogance, c'est-à-dire laisser croire aux autres qu'on est fragile, serait-elle une stratégie plus pertinente ?

Comme le souligne Sun Tzu, général chinois auteur de *L'art de la guerre*, toute campagne guerrière doit être réglée sur le semblant. Feignez le désordre, ne manquez jamais d'offrir un appât à l'ennemi pour le leurrer, simulez l'infériorité pour encourager son arrogance, sachez attiser son courroux pour mieux le plonger dans la confusion : sa convoitise le lancera sur vous pour s'y briser.

Rappelons que le B de Tesla ressemblait tellement à du A' que cela a leurré les constructeurs automobiles qui ont largement sous-estimé la consistance de son B, par péché d'arrogance, au point d'attendre 2020 pour enfin désosser une Tesla 3.

> *Des pistes pour traiter cette seconde cause*

- L'entreprise doit au plus tôt engager des rituels d'errances expérimentales (*cf.* chapitre 2) en développant une intelligence dissidente diversifiée et en acceptant le chaos nécessaire pour danser sous la pluie.

- Par ailleurs, comme nous le verrons dans le chapitre 3, au lieu de subir sa courbe en S, l'entreprise doit tout simplement la diriger, en faisant appel aux deux ressorts suivants :
  - adopter la posture missionnaire pour se libérer de la posture « mercenarisée par le succès ». La posture mercenaire cherche avant tout à valoriser au mieux l'entreprise, alors que la posture missionnaire cherche surtout à apporter une nouvelle valeur importante pour les autres ;
  - alléger l'entreprise de sa complexité pour redoubler d'agilité et ainsi créer un B.

Conclusion

Nous avons naturellement tendance à vouloir chercher des solutions et trouver des idées en premier. Or, en procédant de la sorte, même avec la meilleure intelligence collective, nous ne trouverons que ce qui se situe dans notre façon de croire aux choses. Ce chapitre se consacre à démontrer :

- pourquoi il faut en premier développer la curiosité et favoriser l'errance dissidente de chacun à travers des rituels collectifs qui seront développés dans le chapitre suivant. La créativité n'est que l'expiration de nos cerveaux, il faut commencer par les inspirer ;
- à quel point cette errance est cruciale pour nos entreprises face à un environnement qui évolue de plus en plus en discontinuité du passé.

L'errance dissidente consiste à aller de gauche à droite en dehors de ce que l'on croit savoir, en acceptant de se perdre, en capturant toute source d'étonnement et en apprenant de toutes les sources d'étonnement.

1. L'expérience morbide de la carafe pour les abeilles.	Face à une discontinuité de notre environnement, nous réagissons naturellement en sens inverse. Pour nous détromper de nos fausses évidences, il suffit d'aller vers l'incongru et de nous laisser saisir par ce que l'on ignore à travers des *unlearning experiments*.
2. Le cerveau additionne des filtres qui nous empêchent de voir les choses telles qu'elles sont.	Si vous voulez explorer en dehors de l'existant sans accepter de vous perdre, alors vous ne sortirez pas de l'existant, d'où le propre de l'errance : aller de gauche à droite sans savoir où l'on va, en aimant les dissemblances et en cherchant à s'étonner. L'errance individuelle collective est le moteur du curiosimètre de l'entreprise, lequel est le moteur de la désapprenance et de la sérendipité. C'est grâce à elle que les experts redeviennent consciemment incompétents.
3. Quand nous voyons une disruption de notre existant, nous la réalisons de manière non disruptive.	Disrupter l'existant A n'a rien à voir avec créer une disruption B, et nous en empêche même : cela donne un A' illusionnant le B, avec souvent un mauvais concept. Il faut détruire notre pensée du A pour devenir un nouvel entrant disruptif.
4. Notre caverne de Platon enferme notre intelligence collective dans ses croyances collectives.	La créativité n'est que l'expiration de nos cerveaux, or l'intelligence collective nous sclérose dans nos croyances. L'inspiration passe par des rituels de dissidence collective et de destructions expérimentales de nos croyances. La créativité ne vient qu'ensuite.
5. Vouloir innover vite et chercher pour trouver nuisent à l'efficience de l'innovation.	Les disrupteurs sont des temporisateurs qui finissent par trouver sans l'avoir cherché. L'innovation et la disruption ne sont pas une fin en soi, mais la résultante d'un parcours.
6. Les mutations lentes et indésirables et la réussite passée de l'entreprise la piègent dans le statu quo… au moment même où elle devrait faire le contraire.	La Covid-19 ne doit pas nous faire oublier les mutations lentes (dont elle est pourtant issue) qui nous obligent à sauter de la casserole, avant qu'il ne soit trop tard. Deux voies pour se départir du statu quo : – accepter le chaos d'apprendre à danser avec les mutations lentes et indésirables ; – inverser l'arrogance de la réussite passée.

Tableau 1. Les six pourquoi et les réponses clés associées

CHAPITRE 2

COMMENT RENDRE L'ENTREPRISE PERFORMANTE EN DÉSAPPRENANCE

Je vous propose un panorama d'approches et de rituels permettant de faire de l'errance destructrice expérimentale, laquelle va provoquer la désapprenance et engendrer des inattendus qui vont mener progressivement vers des innovations potentielles. Si l'un de ces rituels peut paraître abstrait au départ, c'est un acte d'errance qui va, en tant que tel, devenir concret et d'autant plus concret grâce aux expérimentations dites de désapprenance, qui sont développées plus loin.

Pour vous permettre d'apprécier leur utilisation et leur portée, chacun de ces rituels sera assorti d'Illustrations sur des cas avérés vous montrant de manière pédagogique l'usage du rituel et le concret qui en découle.

Chacun de ces cas peut vous paraître éloigné de celui de votre entreprise. Pour autant, ce serait dommage pour vous d'en conclure que ces approches ne sont pas faites pour vous : votre meilleure source d'inspiration se situe précisément dans les secteurs qui sont en dissemblance du vôtre. Nous allons ainsi partir de zéro sur deux cas d'entreprise fictifs pris au hasard et issus d'un secteur traditionnel pour y appliquer ces approches tout au long du parcours et ainsi illustrer des perspectives concrètes qu'elles peuvent nourrir : le premier cas est un commerce, la boulangerie-pâtisserie Boulengya ; le second cas est l'entreprise de services de nettoyage Nettoya. Ces perspectives sont par essence sans prétention, voire absurdes pour une abeille avisée ; souvenez-vous que c'est justement ce à quoi ils doivent servir : favoriser notre recyclage mental de l'établi par de l'impertinence.

Développer l'intelligence diversifiée

Cela nourrit la dissidence et la désapprenance collective. Il est utile de rappeler les vertus pour une entreprise de faire participer une communauté diversifiée pour sourcer la désapprenance. Il suffit de prendre l'exemple de la nature et de son écosystème. Son extrême diversité lui permet de s'adapter au changement environnemental en créant constamment de nouveaux produits génétiques par recombinaison et mutations sexuelles, qui à la fois sont hérités de cette diversité et l'amplifient. Ce bouillonnement chaotique confirme le pourquoi du chapitre 1 : c'est bien la procréation divergente, à se perdre outrageusement par rapport à l'existant (UNLEXPER, *UNLearning EXPERiments*), qui va engendrer quelques pépites réellement disruptives par rapport à l'existant. C'est à ce titre que la perte en biodiversité nous alerte : moins la diversité du patrimoine génétique est grande, moins il est probable qu'au moins quelques organismes soient capables de s'épanouir dans un paysage futur radicalement modifié et de générer une nouvelle diversité.

Puisque la diversité nourrit la destruction créatrice, dans son expression originelle concernant la nature, penchons-nous sur l'intelligence diversifiée au service de la destruction créatrice de l'entreprise. Une étude[31] s'est intéressée en 2013 à l'impact de la diversité des dirigeants d'une entreprise sur l'innovation. Elle considère la diversité inhérente, qui concerne nos différences selon lesquelles nous sommes nés (sexe, ethnicité, etc.), et la diversité acquise, qui concerne nos différences selon les expériences que nous avons eues, pour définir des entreprises à « diversité 2D » : ce sont celles dont les dirigeants ont au moins trois différences inhérentes et trois différences acquises. En analysant plusieurs entreprises, il ressort que les entreprises à diversité 2D sont 45 % davantage susceptibles de connaître une augmentation de leur part de marché par rapport à l'année précédente et 70 % plus susceptibles de conquérir un nouveau marché que les autres.

Selon cette étude, voici six comportements clés pour favoriser l'intelligence diversifiée :

- faire en sorte que chacun se sente assuré de proposer de nouvelles idées ;
- s'assurer que tout le monde est entendu ;
- donner le pouvoir de décision aux acteurs ;
- partager le mérite du succès ;
- donner des retours exploitables ;
- mettre en œuvre les retours.

Elle révèle que les dirigeants qui accordent un temps d'antenne identique à toutes les voix et qui créent une culture de prise de parole multiplient par 3,5 les capacités des voix à développer leur propre potentiel d'innovation.

Un autre article[32] souligne les bénéfices de la seule diversité pour une entreprise :

- celle-ci s'affranchit des interprétations ou des illusions et se concentre sur les faits et les réexamine constamment (*cf.* chapitre 1, enjeu pour le collectif de se départir de ses croyances limitantes) ;
- elle traite les faits avec beaucoup plus d'égards pour prendre les décisions ;
- elle est plus innovante : la diversité heurte l'intelligence collective qui s'enferme dans ses croyances.

G. Pisano, professeur associé à Harvard, cite des exemples éloquents[33] d'entreprises qui ont employé des autistes, des dyslexiques, des dyspraxiques et autres, lesquels leur ont apporté de nouvelles perspectives, notamment dans la résolution de problème et l'analyse de données (autistes). Deux ingénieurs du MIT ont créé en 2013 la start-up Ultra Testing pour démontrer qu'employer des neurodivergents est une source d'avantage concurrentiel (en l'occurrence 75 % de l'effectif). D'où une troisième dimension à additionner aux deux précédentes : la diversité neurologique.

En effet, le fonctionnement de nos cerveaux diffère. Depuis plusieurs décennies, des chercheurs ont étudié nos différences concernant les parties de notre cerveau que nous employons le plus, notamment grâce à l'imagerie par résonance magnétique fonctionnelle. Il en ressort que nos dominantes cérébrales diffèrent, avec entre autres :

- la dominante cerveau gauche (raisonnement, méthode) ou droit (sentiment et imagination) ;
- les seize préférences psychologiques du MBTI[34] à partir de quatre dimensions : énergie, recueil d'information, prise de décision, mode d'action.

Favoriser la diversité neurologique contribue donc à employer toutes les capacités de notre cerveau collectif au-delà des dominantes cérébrales de chacun. Or, comme le confirment ces études, nous avons une fâcheuse tendance inconsciente à privilégier les mêmes profils dans notre équipe et notre entreprise.

Enfin, bien entendu, plus l'entreprise collabore, non seulement avec des équipes en interne, mais aussi avec tous les gisements de diversité externes, sur les trois dimensions, et plus elle enrichit son intelligence diversifiée, d'où la matrice proposée (*cf.* tableau 2).

	Avec l'interne de l'entreprise	Avec l'externe de l'entreprise
Diversité inhérente (à la naissance)		
Diversité acquise (expériences)	AIMER et CULTIVER	nos DIFFÉRENCES !
Diversité neurologique (de nos cerveaux)		

Tableau 2. Matrice pour développer l'intelligence diversifiée de votre entreprise

Aimer et cultiver nos différences sur l'ensemble des parties de la matrice est la meilleure réplique à notre fâcheuse tendance à créer une équipe avec des profils semblables. Selon une étude publiée par l'American Association for the Advancement of Science, les parutions scientifiques ayant eu le plus de succès sont celles pour lesquelles des experts d'un domaine ont coopéré avec des experts d'autres domaines. Selon une autre étude[35], la réduction de l'harmonie dans l'équipe engendre une meilleure performance créative de sa part. Deux facteurs réduisent l'harmonie : la diversité de l'équipe et l'incertitude des tâches.

Les gens pensent parfois que cela concerne plutôt les grandes entreprises qu'une PME ou une start-up qui ont des moyens plus limités, or cette force est encore plus cruciale pour ces dernières, ne serait-ce que pour la constitution de la première équipe d'une start-up. Souvenons-nous du couple Steve Jobs et Steve Wozniak qui étaient absolument différents, dans une forme de dysharmonie positive qui leur a permis de créer Apple, ou encore des fondateurs de Tesla, Martin Eberhard et Marc Tarpenning, en 2003. À ce titre, un serial entrepreneur me relatait récemment : « Constituer l'équipe initiale qui soit la plus riche possible, c'est 80 % du succès de toutes les start-up que j'ai créées, mais je regrette vraiment de n'y avoir passé que 2 % de mon temps. » Les incubateurs pourraient utilement exploiter la diversité de leurs start-up en les poussant encore plus loin dans des rituels de questionnements croisés et de pensées dissidentes entre elles. La PME gagnerait, elle aussi, à pratiquer ces mêmes rituels croisés avec d'autres PME justement différentes.

→ Les acteurs de diversité externe pour **Boulengya** pourraient être : clients gourmets et semi-cuisiniers professionnels, naturopathes et nutritionnistes, confrères en produits alimentaires frais (chefs de restaurant, traiteurs, etc.), acteurs en événementiel (participants ou concepteurs de l'émission *Le Meilleur Pâtissier*), producteurs de blé et de fruits, fournisseurs (levure, matériel), producteurs d'autres produits à base de farine (pâtes, biscuits, friandises, etc.).

Ne pas confondre collaborativité et diversité collaborative

Si nous multiplions les collaborations dans le même cercle, alors nous allons tous nous enfermer avec une zéro diversité. Une étude[36] montre justement que ce sont souvent les mêmes employés qui sont sollicités pour générer de la valeur ajoutée collaborative. Il faut donc renouveler les cercles. Imaginons que votre entreprise adopte un *shadow bard :* c'est un cercle d'employés (non-cadres et plus jeunes) qui travaillent sur des initiatives stratégiques avec des managers. Si vous ne renouvelez pas le cercle, il va se fondre très vite dans la non-dissidence.

Si nous renouvelons les cercles de diversité conformément au point précédent, mais sans valoriser et sans aimer nos différences, alors nous allons progressivement fortifier les fondations de notre propre caverne de Platon.

Notons toutefois que la collaboration et la diversité ne sont pas forcément des panacées pour tout. La diversité est précieuse précisément pour la dissidence et la destruction utile de l'existant nécessaire à l'invention qui précède l'innovation. Mais toute entreprise doit aussi faire preuve d'efficience au quotidien (*cf.* chapitre 3). Cela nécessite de se concentrer sur peu de choses et permet de favoriser l'agilité. Trop de collaboration peut nuire à cette nécessaire concentration : combien de temps les gens passent-ils en réunion, au téléphone, à participer au réseau social de l'entreprise, à répondre à des mails et à des appels téléphoniques ?

Si vous multipliez les collaborations, alors vous multiplierez les projets. Or, si vous multipliez les projets, non seulement vous allez perdre en agilité, mais vous allez aussi multiplier le désengagement de tous : la même étude citée précédemment[37] révèle que sur un échantillon de vingt entreprises dans la tech, les personnes qui sont considérées comme les meilleures sources d'information et les plus demandées pour des sessions de collaboration sont celles qui ont les scores de désengagement les plus forts jusqu'à quitter l'entreprise. Mais, passé la phase d'inspiration-invention, plus un projet est incertain et disruptif et plus il faut une petite équipe engagée à 200 % pour le faire réussir en toute agilité (*cf.* chapitre 5).

Il faut donc cibler les usages de l'entreprise sur lesquels vous allez amplifier la diversité et la collaboration, et ceux sur lesquels vous allez le réduire pour favoriser l'engagement, la concentration et par voie de conséquence l'agilité.

Quid des concepts de diversité provoquée comme le *crowdsourcing* d'idées et les hackathons ?

Nous avons beaucoup fantasmé depuis quelques années sur le *crowdsourcing* d'idées puisqu'inviter la foule à nous donner ses idées ouvre, par essence, une diversité à l'infini. Si, certes, cela nous apporte une forte diversité d'individus, il n'y a pas véritablement d'intelligence diversifiée entre tous ces individus. O.A. Acar, professeur à la Business School CASS de Londres, souligne dans un article[38] que, dans la pratique, la plupart des initiatives de *crowdsourcing* aboutissent à une quantité écrasante d'idées inutiles, nécessitant un processus extrêmement long et coûteux. À cause de cela, on finit par se concentrer sur les idées déjà familières, ce qui va à l'encontre du fantasme initial de faire émerger une nouvelle pensée. Souvenons-nous par ailleurs (*cf.* chapitre 1) que demander aux gens de nous donner plein d'idées marche très bien pour améliorer l'existant, mais ne permet pas de créer une disruption, si on ne met pas le collectif en errance dissidente avant de faire de la créativité. Dans un article[39] publié en 2021 dans la *Harvard Business Review*, un professeur d'Harvard explique pourquoi les hackathons conviennent mieux pour implémenter la création de valeur sur quelque chose de défini que pour inventer des nouvelles choses jusque-là non définies.

Nous venons de traiter les vertus de l'intelligence diversifiée comme premier levier pour favoriser la dissidence collective et la destruction des croyances limitantes de l'entreprise. Intéressons-nous maintenant au deuxième levier qui lui est complémentaire : engager des rituels et des pratiques de désapprenance.

Définition et mode opératoire des UNLEXPER

Nous verrons que tous les rituels proposés dans la suite du chapitre s'appuient sur des UNLEXPER, qu'il s'agit, en pratique, d'itérer. Attachons-nous tout d'abord à bien préciser leur définition et leur mode opératoire.

Définition

L'UNLEXPER est un bricolage brutalement candide, affreux et ingénieusement conçu, qui vise à explorer ce qui paraît ridicule, impossible ou paradoxal, à tuer les hypothèses qui le méritent, à renverser l'attendu et à nous intéresser au dissemblable, à travers une confrontation expérimentale inoffensive (non nuisible), sous un délai très court et la moins dispendieuse possible. Des études mettent en évidence que plus vous permettez aux personnes d'engager par elles-mêmes des expérimentations et plus elles sont motivées. L'UNLEXPER doit absolument s'attacher à poser rigoureusement ce que l'on pense obtenir, à observer attentivement l'ensemble des étonnements apportés. Nombreux d'ailleurs sont les chercheurs émérites qui témoignent que l'errance n'empêche pas la rigueur, bien au contraire. L'errance sans rigueur est vaine et, comme le dit Louis Pasteur, « le hasard ne favorise que les gens préparés » !

Ce serait fabuleux que votre entreprise utilise l'intelligence augmentée, en mettant dans un premier temps en œuvre une architecture des données élargie de son environnement réunissant les qualités suivantes :

- les données couvrent l'ensemble de la chaîne de valeur : données internes propres aux maillons de l'entreprise et données externes propres aux autres maillons de la chaîne de valeur ;

– à chaque morceau de la chaîne, nous avons des données en complétude : quelles conditions avons-nous eues ? Quelles mesures avons-nous prises ? Quels résultats avons-nous obtenus ?
– les données sont suffisamment cousues entre elles, notamment entre les maillons de la chaîne ;
– les données contiennent de fortes occurrences de mesure avec une large diversité de situations.

On assimile souvent le big data (ou le lac de données) à un ensemble virtuel réunissant un maximum de données digitales, or il ne s'agit pas d'avoir un maximum de données, mais un ensemble de données réunissant les quatre qualités requises citées plus haut. Faute de quoi, vous ne pourrez en tirer aucune intelligence augmentée.

L'intelligence augmentée vous permet dans un deuxième temps de simuler à l'infini toutes les expérimentations à étonnements possibles *via* des algorithmes mathématiques. Vous disposez ainsi d'une usine à étonnements qui augmente d'autant votre désapprenance, sans remplacer les inévitables UNLEXPER physiques qui vont s'ensuivre et l'alimenter. C'est ce que font couramment les acteurs digitaux (Amazon, Expedia, etc.), car ils ont constitué cet ensemble par essence plus facile à créer pour eux, et ils ont su instaurer une véritable culture d'expérimentation dans leur entreprise[40]. Le P.-D.G. de Booking.com n'y allait pas de main morte en disant que, si vous ne le faites pas, vous êtes mort.

L'intelligence augmentée est non seulement une usine à décision et à optimisation, mais aussi une usine à étonnements. Il ne tient qu'à nous de développer notre usine à désapprenance.

Quelle différence entre les UNLEXPER et les POC (preuve de concept[41]) ?

Souvent, à la découverte de la définition de l'UNLEXPER, les gens s'exclament « c'est ce que nous faisons avec nos POC ». Ils seraient plus avisés de s'intéresser en toute curiosité aux dissemblances avec les POC (*cf.* chapitre 1) :

- en termes de définition, un test est une épreuve pour déceler des aptitudes, alors qu'une expérimentation est une opération que l'on fait pour parvenir à une certaine connaissance. C'est cette dernière qui est le moteur de la curiosité au détriment du premier qui est moins ouvert ;
- contrairement au POC, l'UNLEXPER ne sert pas à prouver, mais à désapprendre : rencontrer des connaissances qu'on ignore et en quoi certaines de nos connaissances sont erronées (*cf.* chapitre 1, illusions de connaissance). C'est ce qui permet de trouver chemin faisant ;
- cette expérimentation doit coûter dix mille fois moins cher qu'un POC pour se multiplier en nombre et s'inscrire dans le principe de perte acceptable propre à l'effectuation (*cf.* chapitre 1, pratiquer l'errance expérimentale) : on paye pour voir ce que l'on ne sait pas que l'on va voir, et qui est caché derrière ce qu'on a l'habitude de voir.

J'ai inventé le terme de Cradotest il y a quelques années, qui signifiait faire un test rapide et sale, mais qui a trop souvent été interprété comme « servant à prouver ». C'est ce qui explique que j'emploie ici le terme d'*unlearning* pour bien éviter l'amalgame avec prouver.

La clé de l'innovation est l'inspiration (*cf.* chapitre 1) et ce qui est fabuleux pour nos entreprises, c'est que l'inspiration n'est pas une question de moyens financiers, mais de parcours d'errance diversifiée : on peut très bien faire 10 000 UNLEXPER avant d'aboutir à un vrai concept, lequel méritera le moment venu de faire un POC à coût équivalent à la somme des 10 000.

Mode opératoire

1. Au point zéro, il s'agit d'engager une session de créativité sur « comment faire ce test le plus rapidement possible et de façon peu coûteuse ». Faire plancher plusieurs équipes en parallèle, sur une courte période de moins de quinze minutes, peut utilement nourrir la meilleure réponse à cette question et développer votre culture d'*unlearning experimentation*[42].

2. Ensuite, il faut organiser le test, en prenant soin, avant de le réaliser :
- d'écrire vos hypothèses, notamment le résultat que vous pensez obtenir a priori ;
- de définir le protocole permettant de mesurer le fruit du test et d'observer toutes les sources d'étonnement.

3. À l'issue du test, actez rigoureusement le retour d'expérience. G. Pisano précise d'ailleurs que les entreprises innovantes sont celles qui ont le goût de l'experimentation, mais qui s'obligent à le faire de manière très disciplinée (*cf.* note 21). Afin de le mémoriser, voici un biblage à renseigner :
- l'objectif du test et son protocole ;
- les écarts par rapport à ce que vous pensiez obtenir ;
- ce qui est apparu, auquel vous vous attendiez et auquel vous ne vous attendiez pas.
- ce qui vous interpelle à partir de cette matière : qu'est-ce que vous ne savez pas expliquer et qui peut cacher des choses à découvrir ? En quoi cela peut-il rebondir avec d'autres tests ? Lesquels ? Auquel cas, que nous apprend la corrélation de tous ces tests ainsi identifiés ?
- quelles autres UNLEXPER ce test incite à faire.

Le biblage rigoureux du retour d'expérience, c'est-à-dire renseigner le décalage entre ce qu'on pensait obtenir et les sources d'étonnement apportées par l'expérimentation, est la clé pour vous montrer là où il faut aller dans votre parcours de désapprenance et pour conduire vers la sérendipité. Il s'agit après chaque retour d'expérience de compiler tous les retours d'expérience accumulés dans le biblage. Une étude du MIT[43] sur le dénouement de projets confrontés à de fortes incertitudes le confirme en tant que facteur discriminant pour la réussite.

À l'issue de chaque UNLEXPER, il faut rigoureusement:

- acter et bibler le retour de l'expérience n: RETEX n;
- compiler les n RETEX entre eux: RETEX des RETEX.

C'est le RETEX des RETEX qui permet d'apprendre de toutes les désapprenances. Grâce à un biblage rigoureux, il devient possible d'exploiter les potentialités des systèmes d'intelligence augmentée pour en enrichir d'autant plus la compilation de tous les RETEX n-n et dénicher de nouvelles corrélations latentes.

Premiers rituels: remplir collectivement la boîte à indices de croyances et engager dessus des UNLEXPER

Si vous demandez à quiconque quelles sont ses croyances limitantes ou erronées, par essence, il sera incapable de les énoncer. En revanche, il peut être intéressant pour lui de s'intéresser à des indices permettant de retrouver ses propres croyances. À ce propos, rien de tel que de demander à son entourage de l'éclairer dans ce sens.

Dans le même esprit, dans une entreprise, il s'agit que le collectif remplisse en permanence la boîte des indices de ses propres croyances. Notons que, si la boîte à idées a été déployée depuis de nombreuses années, il s'agit en l'occurrence ici d'engager des destructions expérimentales de nos croyances à travers des UNLEXPER réalisées sur ces indices.

La citation suivante de S. Jobs souligne à quel point cette démarche destructive est cruciale pour nos entreprises: « Si vous voulez vivre votre vie de manière créative, en tant qu'artiste, vous ne devez pas trop regarder en arrière. Vous devez être prêt à prendre ce que vous avez fait et à le jeter, qui que vous soyez. »

Voici les différents types d'indices à rentrer dans la boîte.

La boîte à ridicules et à absurdes

Dès que l'un d'entre nous se voit en train de penser « ceci est ridicule » ou de l'entendre dire par d'autres, alors, sans hésiter, il le met dans la boîte, tout simplement parce que ce qui nous paraît ridicule se situe à l'opposé de nos croyances. En provoquant des UNLEXPER sur nos ridicules, nous allons quitter notre vérité, à condition d'être attentifs à tous les inattendus rencontrés. N'oublions pas que, comme le souligne A. Schopenhauer, « toute vérité franchit trois étapes, d'abord elle est ridiculisée, ensuite elle subit une forte opposition, puis elle est considérée comme ayant toujours été une évidence ». Aller dans le ridicule d'aujourd'hui est la première étape d'une future évidence: innovation ou disruption.

Si votre B ne paraît pas ridicule le jour de son expression, alors c'est un A'. Bien entendu, il s'agit de le transformer en évidence pendant le parcours.

→ L'orthokératologie consiste à mettre des lentilles non pas pour voir de jour, mais quand on dort, les yeux fermés, la nuit, ce qui peut paraître bien ridicule. Or, c'est ce qui permet le lendemain de voir correctement les yeux ouverts sans porter de lentilles.

→ F. Zapata, un ancien champion de scooters de mer fasciné par la puissance du jet hydraulique provoqué par la turbine des scooters, s'est entrepris dans quelque chose d'a priori ridicule: voler au-dessus de l'eau en branchant un tuyau sur la sortie de turbine du scooter permettant de projeter un puissant jet d'eau sous son corps. Son Flyboard inventé en 2011 permet de réaliser des figures impressionnantes à une dizaine de mètres de hauteur puis de replonger dans l'eau quand on veut : il a inventé une activité nautique qui s'est généralisée depuis. Son géniteur est un autodidacte avec un curiosimètre à 200 %, au service d'un rêve pour lequel il s'est attaché à faire de nombreuses effectuations et à rebondir sur tous les inattendus apportés dans le parcours.

Le ridicule peut même pousser le zèle jusqu'à l'absurde, comme le souligne A. Einstein : « Si une idée n'est pas a priori absurde, elle est sans espoir. » Combien de fois nous arrive-t-il de nous dire que telle chose est absurde ? Il suffit à chaque fois de la rentrer dans la boîte à indices pour plancher dessus : Einstein avait tenu à préciser peu de temps avant sa mort que la théorie des trous noirs était peut-être absurde, or c'est soixante-quatre ans plus tard, que son absurde a franchi le Rubicon de l'évident.

Poser des absurdes sert à provoquer nos croyances limitantes ou erronées, du moment que cette provocation est faite dans une quête d'étonnements et réalisée sous forme de pertes acceptables : Louis Pasteur a fait inoculer une souche atténuée du virus de la rage à un jeune de 14 ans atteint de ce virus. Essayer de l'en sauver était une perte acceptable qui a engendré toute la dynamique des vaccins que l'on connaît aujourd'hui.

→ L'absurde pour **Boulengya** pourrait consister à permettre au consommateur de faire lui-même son pain frais, fait main, avec un goût et une texture personnalisés, et le plus simplement du monde (c'est ce qui est arrivé dans le café avec les percolateurs) à domicile.

La boîte à impossibles ou à difficiles

Dès que l'un d'entre nous se voit en train de penser « ceci n'est pas possible » ou de l'entendre dire, alors, sans hésiter, il le range dans la boîte, tout simplement parce que c'est précisément derrière les impossibles que se cachent de nouveaux possibles, puisque tout le monde croit que c'est impossible.

→ Pour réussir à faire le tour du monde en volant et sans énergie fossile, l'équipe de Solar Impulse a conçu un avion ultraléger (1 600 kg) d'une grande envergure (61 mètres) pour porter au mieux en vol et capter l'énergie solaire. Quand les constructeurs aéronautiques lui ont dit que ce n'était pas possible de doter l'avion d'une structure si légère pour supporter autant d'envergure, l'équipe s'est adressée au chantier naval Décision qui faisait des catamarans en matériau composite. C'est bel et bien cette société qui, ne sachant pas que c'était impossible, a rendu cette structure possible.

→ Il est impossible d'amener de la lumière naturelle dans un sous-sol. Or cet impossible a été détruit en reliant un panneau de lentilles optiques exposé à la lumière extérieure à une pièce du sous-sol *via* de la fibre optique qui va alimenter une lampe solaire et une LED.

→ L'impossible pour une entreprise serait d'avoir un environnement qui ne se salisse pas avec ses usagers. **Nettoya** vendrait alors non plus des services de nettoyage, mais un état de propreté et changerait sa rémunération en conséquence. Aller à la rencontre des solutions inattendues permettrait au client de gagner en coût de nettoyage et en qualité de vie des usagers.

La citation d'Arthur Conan Doyle, écrivain et médecin, sur l'impossible est saisissante d'interdépendance avec celle de Schopenhauer sur le ridicule : « Lorsque vous avez éliminé l'impossible, ce qui reste, si improbable soit-il, est nécessairement la vérité. » La première errance, celle des ridicules, peut donc alimenter la deuxième, celle des impossibles : F. Zapata, avec son Flyboard air, vole à près de 190 km/h de manière autonome dans les airs et a même traversé la Manche, ce qui était le rêve impossible des armées. Le fait d'avoir d'abord erré dans le ridicule (scooter) a servi d'effectuation pour sa deuxième errance dans l'impossible. Il n'est pas sûr que ces mêmes armées aient accepté de commencer par faire des effectuations sur un engin de loisir !

De la même façon, dès que l'on s'entend dire « c'est difficile », on le met dans la boîte à oser. Comme le dit Sénèque, « ce n'est pas parce que les choses sont difficiles que nous n'osons pas, c'est parce que nous n'osons pas qu'elles sont difficiles ». C'est précisément ce que portait J.F. Kennedy dans son fameux discours de 1962 : « Nous avons choisi d'aller sur la Lune au cours de cette décennie [...] non pas parce que c'est facile, mais justement parce que c'est difficile [...] aucun projet spatial dans cette période ne sera aussi difficile à réaliser. » C'est bel et bien ce choix difficile qui a engendré des progrès et un développement économique majeurs pour les États-Unis sur une bonne partie du XXe siècle.

La boîte à interdits

Dès qu'un interdit surgit dans nos pensées ou nos propos, nous le rentrons dans la boîte, tout simplement parce que c'est derrière des interdits que se cachent de nouveaux possibles qui n'ont jamais été débusqués, puisque c'est interdit. Comme le dit Jean Cocteau, « rien d'audacieux n'existe sans la désobéissance à des règles ». Bien entendu, il s'agit de désobéir aux règles de manière expérimentale et non nuisible.

→ Chelsey. Sullenberger pilotait un airbus A320 de ligne qui venait de décoller de New York, quand son avion a perdu l'usage de ses turboréacteurs après avoir traversé une nuée de bernaches. La seule règle autorisée est de revenir se poser dans un aéroport. Le pilote s'est opposé à saisir en premier cette option, malgré l'urgence, conscient que, sous la pression, c'était un instinct de survie évident dont il fallait se méfier, notamment à cause de la distance requise pour rejoindre un aéroport. L'avion n'était plus pilotable en l'état et, malgré le compte à rebours, il a pris le temps de désapprendre du pilotage propulsé par des réacteurs (*cf.* chapitre 1, à l'image des 55 minutes sur les 60 minutes disponibles d'Einstein) et, dès lors, de se rendre compte qu'il pouvait amerrir en s'inspirant de ce que font les Canadair pour éviter le risque d'explosion à l'atterrissage. C'est ainsi qu'il sauva 155 passagers.

→ Arroser un réacteur nucléaire est interdit, c'est pourtant ce qui a été fait sur Fukushima après le tsunami et qui a permis d'éviter les pires explosions nucléaires.

« L'avenir n'est interdit à personne », selon Léon Gambetta, homme d'État français. On peut dès lors se demander si une entreprise qui s'interdit trop... n'a pas d'avenir. Détruire les interdits, c'est par essence nourrir la dissidence utile. Pour le biochimiste Erwin Chargaff, un bon maître ne doit avoir que des disciples dissidents.

La boîte à indésirables

Nous avons vu qu'un indésirable est une forme de feu doux sous la casserole (*cf.* chapitre 1). Or, comme le cite le philosophe Marcus Aurelius, « la perte n'est rien plus que le changement, et le changement est le délice de la nature ». Détruire cette peur de perdre, c'est aller à la rencontre de nos indésirables en réalisant dessus des UNLEXPER, ne serait-ce que pour considérer leurs potentialités et désirables cachés et nous faire changer. Rappelons l'enjeu de collecter tous nos indésirables dans ce sens, par exemple en sondant régulièrement le collectif sur cette question.

→ Une imprimante qui fait du pain en 3D peut être non désirée pour Boulengya. En allant voir de plus près, Boulengya pourrait proposer à ses clients une application avec laquelle ils définiraient le pain ou la pâtisserie qu'ils veulent : son goût, sa forme et son aspect. Boulengya les leur livrerait *via* un réseau de boulangers locaux (*cf.* Interflora pour les fleurs).

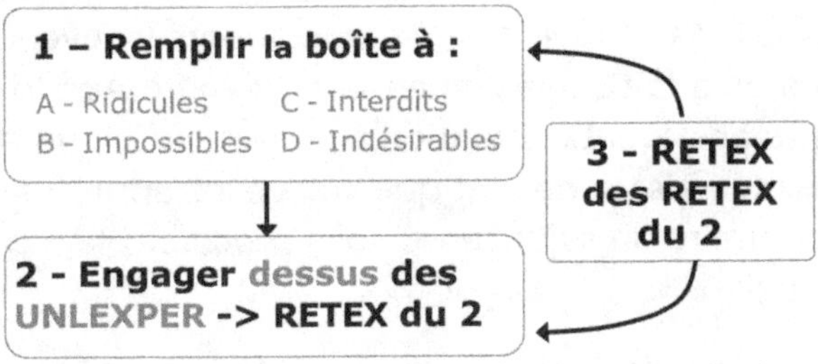

Figure 11. Synoptique des premiers rituels

Deuxièmes rituels : engager des UNLEXPED (*unlearning expéditions*)

Les *learning expeditions* connaissent un engouement dans les entreprises : elles visent à faire des expéditions pour apprendre (*learning*). Or, là, il s'agit précisément de désapprendre en allant découvrir toutes les formes d'étonnement par rapport à notre mode de pensée et à notre connaissance actuelle. Par ailleurs, souvent, avec les *learning expéditions*, ce n'est pas vous qui allez découvrir, mais on vous fait découvrir. Par conséquent, elles fabriquent votre attention à votre insu, en vous chipant votre propre curiosité (*cf.* chapitre 1). L'expérience montre par ailleurs qu'elles ont tendance à endormir votre esprit critique, et nous avons tendance à prendre pour argent comptant ce que disent nos fabricants d'attention.

Il s'agit donc ici de proposer au collectif des expéditions volontaires d'étonnement, dont voici le principe et le déroulement :

1. en premier lieu, le collectif définit une liste de sujets qui grattent, qui dérangent et qui sont censés nous étonner par rapport à ce que l'on sait ;
2. ensuite chacun choisit et s'engage en tant que volontaire sur un sujet d'expédition sur lequel il va errer et collecter tous les inattendus et les étonnements (souvenons-nous de ce qu'a fait Jules Verne pour préécrire Apollo 11, cent quatre ans avant). Attention à ne pas choisir un sujet que vous connaissez déjà et que vous allez approfondir, mais au contraire un sujet censé vous procurer plein d'étonnements ;
3. arrive alors l'échéance ultime où le collectif se retrouve comme suit :

- chacun nourrit les autres de ses étonnements, ce qui permet d'élever la désapprenance de l'ensemble du collectif grâce au croisement des étonnements individuels ;
- le collectif décline une liste de nouveaux sujets d'UNLEXPED ET d'UNLEXPER (premiers rituels) qui vont permettre d'itérer vers un deuxième niveau de désapprenance, en les réalisant *via* ce même collectif ou par un nouveau ;

Cela revient donc à faire des UNLEXPED (*unlearning expedition*) entièrement réalisées à l'initiative de chacun pour désapprendre et cultiver son curiosimètre.

Vous vous demandez comment faire pour nourrir cette liste au gré du parcours de désapprenance. Les premiers rituels vus précédemment (boîte à indices) peuvent y contribuer. Je vous propose cinq types d'UNLEXPED que vous pouvez employer dans ce sens.

Collecter au quotidien des inattendus

Selon les historiens, la clé de la Renaissance se situe précisément dans l'avant-Renaissance. Au même titre, toute discontinuité avérée du passé se manifeste par des inattendus en phase de prérenaissance, puis se manifeste progressivement comme des attendus au fur et à mesure de la renaissance. Pour développer le curiosimètre de l'entreprise avec ce rituel, Il s'agit de :

1. créer un collectif constitué par une communauté diversifiée d'observateurs qui vont se mettre en éveil sur tous les inattendus qu'ils rencontrent au fil de l'eau et les alimenter aussitôt dans la boîte des inattendus : il est possible pour la communauté d'employer une messagerie instantanée. Votre communauté est constituée non seulement par quelques acteurs internes de l'entreprise, mais aussi par quelques acteurs externes connexes qui seraient eux aussi intéressés par cette diversité augmentée (par exemple, si votre entreprise fournit des équipements de machines industrielles, pourquoi ne pas associer d'autres fournisseurs d'équipements complémentaires). Vous pouvez renouveler périodiquement votre communauté ;
2. conditionner les observateurs à guetter tout inattendu sur lequel ils n'auraient pas parié un kopeck. Une matrice (*cf.* tableau 3) peut aider à développer vos capacités de détection : toute discontinuité commencera par des inattendus, puis se poursuivra par des attendus ;

	Inattendus	**Attendus**
Événement		
Échec		
Succès		

Tableau 3. Matrice de détection des inattendus

3. ritualiser une réunion mensuelle de quarante-cinq minutes au plus avec la communauté consacrée à :
- partager la découverte des nouveaux inattendus du mois et ou d'attendus qui confirment une mégatendance de demain ;
- ouvrir le collectif aux nouveaux possibles que ces inattendus cachent pour engager en conséquence des UNLEXPED (ou UNLEXPER).

→ Lors d'une réunion mensuelle d'une entreprise qui fabrique des générateurs de vide pour des machines industrielles est remonté l'étonnement suivant : tel appareil est dorénavant proposé en mille fois plus petit. En se laissant déranger par cet inattendu, quelqu'un remplit la boîte à indices avec l'absurde suivant : « Et si on faisait un générateur de vide mille fois plus petit. » En ouvrant cet absurde pour y chercher de la valeur, le collectif finit par l'idée suivante : un générateur sert à vider l'air d'une ventouse pour qu'elle exerce sa fonction de préhension d'un objet, or il faut vider le volume du tube reliant le générateur de vide à la ventouse, avant de vider à proprement parler le volume d'air de la ventouse. L'air du tube représente parfois plus de 90 % de l'air total à aspirer. Si l'on met le générateur dans la ventouse, il ne lui reste plus qu'à aspirer 10 % du volume. Il serait donc intéressant de faire un générateur dix fois moins puissant, et donc nettement plus petit, qui pourrait s'intégrer à la ventouse. Le client va alors gagner du temps pour la préhension et faire des économies d'énergie sur tout cet ancien vide qu'il consommait avant.

→ Quand Tesla, constructeur d'automobile, annonce se lancer dans les batteries de voitures en 2015, il peut être intéressant pour les observateurs de considérer cet inattendu de près pour découvrir un certain nombre de faisceaux stratégiques qui sont cachés derrière : une étude montre que les premiers acquéreurs de Tesla (dès 2008) ont en fait financé le réseau de stations de recharge de Tesla aux États-Unis, car, d'un côté, dans le prix d'acquisition de la Tesla figurait un montant conséquent, lequel promettait la recharge gratuite et illimitée du véhicule sur n'importe quelle station Tesla, et, d'un autre côté, les propriétaires de Tesla utilisaient très peu ces stations, car ils s'étaient eux-mêmes équipés de leur propre chargeur à domicile ou au travail. Également, Tesla a rendu accessible au plus grand nombre son protocole de recharge de ses véhicules. Enfin, en 2016, Tesla acquiert une entreprise qui développe un système de tuiles photovoltaïques. En couplant tous ces faisceaux autour de cet inattendu, on peut penser que le réseau de recharge de voitures électriques sera le cœur de valeur ajoutée de demain dont Tesla pourrait s'emparer: il suffirait d'installer dans les 100 000 maisons équipées de solutions photovoltaïques Tesla en Europe une borne accessible de l'extérieur, pour permettre à quiconque possédant une voiture électrique d'y venir recharger ses batteries, en rémunérant de la sorte le propriétaire de la toiture pour son énergie solaire. Le protocole de recharge Tesla étant ouvert, on peut penser que ce protocole sera largement adopté par les autres constructeurs qui seraient fous de priver leurs clients d'un tel service (*cf.* Android). Cette déduction peut paraître fantaisiste, voire indésirable pour certains, pour autant, Tesla a déposé en 2020 un dossier de candidature pour devenir fournisseur d'électricité au Royaume-Uni, et on découvre que les batteries de sa Tesla 3 seraient capables de se faire charger et de charger. Tout laisse à penser que Tesla construit progressivement de quoi devenir un acteur clé de l'énergie, les voitures Tesla en étant l'un des moyens.

Il est important de s'ouvrir à ce que ces inattendus peuvent contenir ou engendrer comme discontinuités, en s'abstenant de tout jugement de valeur sur eux, faute de quoi vous ne capterez que des attendus : nos jugements sont les enfants de nos propres croyances qui nous enferment. À ce titre, la crise de la Covid regorge de tas d'inattendus qu'il serait dommage de ne pas exploiter pour discontinuer votre entreprise !

Quid de l'outil SWOT ?

Cet outil consiste à identifier les forces et les faiblesses de l'entreprise, et les opportunités et les menaces de son environnement. Le SWOT date de 1960 (Stanford Institute), époque où les évolutions étaient relativement linéaires. Mais le rythme des discontinuités s'accélère, d'où les limites posées par cet outil aujourd'hui, auxquelles il faut faire attention :

- de nombreuses fois, les entreprises le remplissent avec une insuffisance d'errance. Par conséquent, ils ne projettent que du A' ;
- à cause du rythme des discontinuités qui se succèdent, le SWOT devient très vite obsolète, voire l'est déjà au moment de son émission. Par conséquent, il force l'entreprise dans son propre statu quo et l'enferme dans la non-curiosité le temps de sa durée de renouvellement.

C'est le rituel de collecte des inattendus qui permet de pallier ces limites, puisqu'il permet tous les mois de visualiser implicitement le SWOT sans cesse renouvelé et en temps réel. Par ailleurs, en y couplant des UNLEXPER, cela provoque l'acte de disrupter dans l'entreprise (pas seulement l'acte d'anticiper les disruptions).

Rencontrer l'inintelligible

Nous avons parlé de la vertu de redevenir consciemment incompétent (*cf.* chapitre 1). Dans ce sens, tout ce qui est inintelligible se signale en tant que zone d'incompétence à aller rencontrer. Les gens curieux sont justement attirés par l'inintelligible pour aller se questionner dessus. Il en devient alors le fruit de leur inspiration (*cf.* le voyage sur la Lune de Jules Verne et d'Hergé). Lors d'une de mes conférences sur l'inspiration, en Belgique, une chercheuse émérite en innovation témoignait qu'elle profitait de chaque congrès de chercheurs pour aller vers d'autres collègues sur des domaines qu'elle ne comprenait pas. Elle aimait leur poser des questions qui pouvaient leur paraître idiotes, juste pour découvrir ce qui se cachait derrière tout ce qui était inintelligible pour elle. Elle estimait que c'était de loin sa meilleure source d'inspiration pour l'ensemble des innovations qu'elle avait trouvées. Par contraste, elle trouvait que toutes les réunions de créativité auxquelles elle avait eu l'occasion de participer, à l'occasion de codéveloppement avec des entreprises, lui paraissaient comparativement beaucoup plus plates en idées divergentes et nettement moins profondes en source d'inspiration.

Il s'agit pour le collectif de l'entreprise de collecter des inintelligibles pour se distribuer des UNLEXPED associées et ensuite « cross fertiliser » avec le collectif les découvertes associées. Plusieurs pistes s'offrent à votre collectif pour collecter les inintelligibles.

> *Nourrir la boîte à inintelligibles*

Dès que vous vous rendez compte que vous ne saisissez pas telle chose, alors rentrez-la dans la boîte. Combien de fois rencontrons-nous des inintelligibles sans le dire, par peur de paraître idiots ? À ce train-là, tout le collectif finit par bavarder sur un sujet fantôme. Cris Beswick, consultant en innovation, n'y va pas de main morte à propos de l'innovation en tant que sujet fantôme, quand il dit que « l'innovation est comme le sexe chez les adolescents. Tout le monde en parle, personne ne sait vraiment comment le faire, tout le monde pense que tout le monde le fait, alors tout le monde prétend le faire ». Ne faudrait-il pas libérer les hommes et leur permettre de donner les inintelligibles : rien de tel que de proposer à chacun, en pleine réunion, de donner en mode silencieux ses inintelligibles en les écrivant tout comme ses pairs.

> *Inintelligibles liés aux mégatendances*

Toute entreprise peut aller chercher sur Internet quelles sont les mégatendances de son secteur : ce sont des mutations à long terme de leur environnement qui ont été identifiées comme majeures dans son secteur. Quand vont-elles arriver et que vont-elles transformer ? Cela reste encore des inconnues. Certaines d'entre elles sont encore inintelligibles pour l'entreprise et méritent d'être rentrées dans la boîte à intelligibles. Par exemple, l'avantage concurrentiel dans bon nombre de secteurs deviendra la capacité à avoir une richesse de données architecturées entre elles pour apporter des nouvelles valeurs décisives à partir de l'intelligence mathématique de ces données. Cette intelligence augmentée (IA) nécessite pourtant près de cinq ans pour réellement porter ses fruits, notamment pour constituer la richesse des données architecturées. Cela veut dire que, si vous attendez qu'elle arrive dans votre secteur, votre entreprise aura un inéluctable retard stratégique de cinq ans. Par ailleurs, pour que l'IA soit rondement menée en rupture stratégique, il faut déconstruire les modèles d'organisation et des systèmes d'information historiques[44]. Tout dirigeant ou membre d'une équipe dirigeante doit plus que jamais aller de lui-même à la rencontre de tout ce que l'IA représente d'inintelligible, afin de forger sa propre intelligibilité de l'IA : « passer la balle » à des spécialistes sur l'IA (comme on a pu le faire par le passé avec l'informatique) serait inconsciemment suicidaire (feu doux sous la casserole), car l'IA va devenir le moteur stratégique de l'entreprise gagnante de demain.

Aller voir comment font des champions éloignés

Un champion éloigné est un acteur ou un secteur qui n'est pas concurrent de notre entreprise et dont on pense qu'il est en avance sur un sujet qui peut concerner notre entreprise, ou qu'il a une approche déviante par rapport à la nôtre sur ce sujet. Il s'agit d'aller à la rencontre de ce qu'il fait de différent de nous, de pourquoi il le fait, de comment il le fait, de son parcours pour y arriver et des facteurs d'échecs qu'il a dû surmonter. Le but est d'y découvrir et de collecter rigoureusement tout ce qui est étonnant et diverge par rapport à ce que l'on sait déjà et à notre mode de pensée actuelle. Imaginons une entreprise de services qui doit gérer et exploiter de plus en plus d'objets connectés chez ses clients. Le premier objet intelligent historiquement connecté est le micro-ordinateur et cela depuis plus de trente ans. Rien de tel que de se laisser surprendre en allant à la rencontre des prestataires informatiques spécialisés pour gérer des flottes hétérogènes de micro-ordinateurs à distance. L'entreprise devra s'attacher à nourrir deux choses :

- quelles sont toutes les différences par rapport à elle et à son mode de pensée ?
- quelles UNLEXPER et UNLEXPED réaliser dessus ?

Cette approche est donc à l'opposé de la pratique du benchmark, qui mesure les performances d'une entreprise par rapport à celles de son concurrent ou d'un partenaire leader.

Il faut commencer par structurer la liste des sujets de champions éloignés à explorer. Vous pouvez considérer quatre dimensions sujettes à champions éloignés.

> *Sur un univers particulier qui s'apparente au vôtre*

→ Les bateaux de l'America's Cup sont munis de voiles et de foils qu'il s'agit d'asservir en permanence pour atteindre la meilleure performance globale et la meilleure stabilité, en fonction des vagues et des variations du vent. Ils doivent être les plus légers possible pour se soulever hors de l'eau au-dessus de leurs foils tout en résistant à de fortes contraintes structurelles. C'est ainsi que, lors de la précédente coupe, des acteurs de cet univers, Team Oracle, se sont associés avec un acteur de l'univers des fabricants d'avions, en l'occurrence Airbus. Ce dernier s'est révélé un champion extrêmement précieux pour Oracle sur la mécanique du vol, sur les programmes de calculs hydrodynamiques, sur les systèmes d'asservissement et sur leur fiabilité (grâce à l'Ironbird, qui permet de faire les tests au sol). Du côté d'Airbus, grâce à son errance auprès d'Oracle Team, il a pu introduire les premières pièces en fibre de carbone imprimées en 3D sur un bateau et a développé de nouvelles méthodes de fabrication plus performantes de pièces complexes en carbone pour des foils hydrauliques, lesquelles vont évidemment être reprises par la suite pour ses futurs avions.

> *Sur un enjeu particulier qui vous concerne*

Par exemple, l'habitat et la construction vont de plus en plus évoluer vers des systèmes autosuffisants en énergie, en eau... et qui sont capables de se partager leurs propres sources produites (smartgrid). Il serait intéressant d'aller découvrir, d'un côté, comment fait un champion en autarcie, la station spatiale ISS, et, de l'autre, comment fait un champion en partage de ressources en mode intelligent (smart grid), un gestionnaire d'infrastructures du cloud, qui depuis longtemps partage sans cesse de la puissance, des données et des logiciels.

> *Sur une performance qui vous concerne*

Par exemple, pour faire du fromage, une entreprise doit accomplir des process de fermentation performants. Pourquoi ne pas aller voir des champions en performance de fermentation : les acteurs qui font des vaccins, des levures, de la biomasse... ?

→ La performance de **Nettoya** dépend comme pour toute entreprise de l'engagement et de la qualité de ses hommes. Or, faire du nettoyage n'est pas forcément attrayant et propose des rémunérations qui restent faibles. Dans ce sens, elle gagnerait à aller voir ce que font des champions sur cette question, mais dans d'autres secteurs : curage de canalisations, recyclage (Paprec), soins à domicile (Buurtzorg), transports routiers, pêche-conchyliculture, voire à l'extrême inverse les Forces spéciales pour lesquelles chaque collaborateur va jusqu'à risquer sa vie.

> *Sur une contrainte qui vous concerne*

Par exemple, l'entreprise précédente qui fait du fromage doit absolument maîtriser les risques bactériologiques. Pourquoi ne pas aller voir comment font les salles d'opération installées dans des pays chauds, notamment lors de catastrophes naturelles et qui font face à des conditions sanitaires extrêmes et ultracritiques ?

Souvent, les gens pensent que cela ne leur apprendra rien d'aller voir des champions sur telle performance donnée (par exemple, la vitesse de fermentation), qui ne sont pas concernés par les mêmes contraintes. Or, tant que vous n'avez pas ouvert une porte, vous ne pouvez pas savoir ce qu'elle vous cache : ce n'est pas une fin de non-investigation, bien au contraire, il faut justement aller s'étonner de chaque champion sur chaque dimension :

– d'un côté, aller voir des champions en performance de fermentation qui n'ont pas la contrainte de maîtrise bactériologique permet justement de découvrir comment on peut aller beaucoup plus loin en performance de fermentation quand on est libéré de cette contrainte ;

- de l'autre côté, aller voir des champions de la contrainte « maîtrise bactériologique » permet aussi de découvrir comment pousser à l'extrême la maîtrise de cette contrainte, indépendamment de la performance de fermentation.

C'est bel et bien en croisant les étonnements entre ces dimensions que vous pourrez trouver de nouvelles voies compatibles entre toutes les dimensions. Grâce à ce que cette entreprise de fromage a appris chez le champion de la fermentation et chez le champion en maîtrise bactériologique, elle a pu franchir de nouveaux paliers en termes de meilleure vitesse de fermentation et de meilleure maîtrise bactériologique.

Être interpellé par des champions éloignés

À l'inverse du point précédent où nous allons à la rencontre de ces champions pour découvrir ce qu'ils font, ici, nous les faisons venir vers notre environnement, afin de les laisser nous interpeller, en procédant comme suit :

- leur présenter brièvement et succinctement qui on est, ce que l'on fait, voire éventuellement quel est notre parcours ; il s'agit de leur permettre de saisir notre « caverne de Platon », sans chercher à les influencer ;
- leur poser successivement les six questions suivantes en leur demandant de nous interpeller avec leurs facultés critiques externes, en saisissant scrupuleusement le contenu de leurs réponses et en leur demandant d'expliquer encore plus concrètement le sens de leur réponse : Comment voyez-vous ce que l'on fait ? Quelles questions cela vous pose-t-il ? Qu'est-ce qui vous étonne le plus en nous ? Quels sont nos problèmes tels que vous les voyez, vous ? Comment les résoudriez-vous ? Si vous étiez à notre place,

qu'est-ce qui vous paraîtrait trivial, qu'il faudrait que nous fassions ?
- décider des UNLEXPED et UNLEXPER à réaliser à partir des interpellations qu'ils nous ont données ?

Faire des expéditions sur de nouvelles intersections holistiques entre les choses

L'histoire des innovations montre à quel point elles ne sont jamais liées à une chose nouvelle, mais à une nouvelle association, combinaison de choses (dont éventuellement des choses nouvelles) :

- la roue a été une innovation majeure pour l'humanité, mais qui ne suffit pas à elle seule : il faut aussi inventer le moyeu et le moyen de faire des chemins praticables pour le couple moyeu-roue ;
- le drone hérite d'une nouvelle intersection inédite entre des objets connectés (notamment des capteurs gyroscopiques), des moteurs à hélices électriques, des logiciels de pilotage et de contrôle de trajectoire, des microprocesseurs, des batteries embarquées, pour certains le smartphone plus une caméra embarquée pour la commande et l'expérience de pilotage déporté. Si vous vous amusez à perturber un drone en plein vol, il va retrouver son équilibre de manière remarquable grâce à une synchronisation de la puissance des moteurs entre eux, calculée à partir des données des capteurs.

Bien entendu, faire des intersections pour faire des intersections n'aboutit pas forcément à une nouvelle valeur décisive et peut même devenir contre-productif en termes de valeur apportée. Le Graal ultime de ce processus d'expédition est d'aboutir à une intersection de choses essentielles, dont la valeur combinée est supérieure à la somme des valeurs individuelles de chacune de ces choses, d'où le terme holistique employé dans le titre de cette section.

Voici plusieurs pistes d'intersections pour lesquelles il s'agit de faire des UNLEXPER. Il est possible aussi de faire des intersections entre ces pistes, à partir de ce qui est ressorti pour chacune d'entre elles.

> *Intersection entre vos produits et d'autres produits*

→ Les imprimantes 3D ont récemment intégré sur leur bras non seulement une buse additive qui permet de déposer de la matière, mais aussi un scanner qui permet la forme exacte en 3D d'un objet donné, afin de le reproduire ensuite en additif.

→ Tout portail a besoin d'un système d'intelligence et de commande de ses asservissements, or le smartphone a justement l'équivalent de ce système. Nous pourrions proposer un portail automatique sans ce système intelligent, mais connecté et muni des capteurs pour permettre au smartphone de devenir le cerveau des automatismes désirés. L'équipement sera d'autant moins cher et d'autant plus ergonomique grâce à l'interface du smartphone.

> *Intersection entre votre solution et les autres solutions de substitution*

→ L'arrivée des hors-bord semi-rigides correspond à une intersection astucieuse entre le hors-bord pneumatique et le hors-bord rigide. Le premier apportait l'avantage de la légèreté, mais comportait l'inconvénient d'une carène qui freinait dans l'eau à cause de l'effet ventouse. Le deuxième avait l'avantage de ne pas freiner dans l'eau, mais était lourd. Le semi-rigide rassemble les avantages des deux sans aucun de leurs inconvénients.

→ Pour diffuser du son à travers des enceintes, l'amplificateur analogique a le mérite de délivrer un son sans distorsion, mais souffre d'un manque de puissance sonore, alors que l'amplificateur numérique délivre de la puissance sonore, mais présente des distorsions sonores. Devialet a inventé une première intersection amplificateur-enceinte, avec un amplificateur intégré dans l'enceinte et une deuxième intersection entre deux amplificateurs, l'un analogique et l'autre numérique : cela permet de combiner les avantages des deux sans leurs inconvénients, à savoir de la puissance sonore et aucune distorsion du son.

→ Pour leur goûter, les enfants peuvent prendre des produits pain-pâtisserie, ou des friandises et des produits de snacking industriels. Ces derniers ont des avantages (praticité, coût et gourmandise) et des inconvénients (fabrication et conservation industrielle, diététique excessive non équilibrée si on mange le même à chaque fois, addiction). **Boulengya** propose un produit spécial goûter, qui reprend les avantages de ces derniers sans leurs inconvénients : un goûter frais gourmand à base d'ingrédients naturels et de fruits, qui varient au fil des jours, délivré quotidiennement selon un protocole à définir et sans emballage plastique.

> *Intersection entre les fonctions de votre produit et d'autres fonctions*

→ La valeur ajoutée du Post-it est qu'il est collable (première fonction) et décollable (deuxième fonction).

→ Une entreprise spécialisée dans les garages privatifs haut de gamme pourrait-elle aller vers les intersections suivantes ? Nettoyer la voiture à chaque fois qu'elle rentre dans le garage (avec par exemple une rampe de nettoyage qui serait localisée sur les trois montants de l'ouverture d'accès au garage, l'eau employée pouvant être autoproduite par la toiture) ? Stocker du vin à température régulée dans le sous-sol ? Se transformer en home cinéma dès qu'on le veut en y enlevant bien sûr la voiture le temps de regarder le film ?

→ Chez **Boulengya**, l'intersection pourrait se faire entre la fonction divertissement et le pain. L'entreprise pourrait proposer des énigmes à résoudre, un challenge à partir du produit ou lancé sous la forme d'un réseau social dans le quartier.

→ Chez **Nettoya**, ce pourrait être l'intersection entre la fonction de nettoyer les lieux de travail et celle de les rendre agréables à vivre, voire de les rendre vivants et évolutifs (casser la routine) ; ou avec celle de favoriser la dynamique et le plaisir collectif de leurs occupants, etc.

> *Intersection entre vos technologies/process et d'autres technologies/process*

→ La technologie de contre-bruit permet d'annuler un bruit qui arrive en envoyant un bruit inverse. C'est ainsi qu'un fabricant de nacelles de moteur d'avion (structure qui entoure le moteur), en l'occurrence Safran Nacelles, a intégré cette technologie dans son produit, la nacelle, pour étouffer le bruit du réacteur situé en son sein. C'est grâce à cette nouvelle intersection qu'on n'a plus l'impression d'entendre le réacteur fonctionner, par exemple dans un airbus A380. Amusons-nous à intersectionner l'anti-bruit dans un portail ou une fenêtre, ou dans une moquette, de telle façon que cela engendre une nouvelle fonction antibruit, ou encore dans une voiture (cela serait-il moins lourd que les matériaux d'isolation phonique actuellement employés, dont le poids pose justement problème dans l'avenir).

→ Si nous avons développé ici ou là des plateformes de production d'énergie, pour les unes solaires, pour les autres éoliennes ou encore hydrauliques, elles ont toutes l'inconvénient d'encombrer l'environnement, malgré leur cause utile pour nous, les humains, et de nécessiter un important réseau de câblage. Pourquoi ne pas faire une plateforme en mer qui intègre les trois à la fois, permettant presque d'obtenir le maximum de rendement par encombrement et par unité câblée. C'est ce que souhaite développer une nouvelle start-up allemande, Sin Power

> *Intersection entre votre rôle dans la chaîne de valeur et celui d'autres acteurs*

→ L'entreprise Cougnaud prend à la fois le rôle de fabricant de constructions modulaires, le rôle de bureau d'études et le rôle de maître d'œuvre pour apporter de manière holistique les bénéfices additionnels suivants au maître d'ouvrage : délais raccourcis, meilleure personnalisation de la solution au besoin, réduction de la complexité et pas de tracas. Cela permet aussi d'optimiser les coûts de l'ensemble et d'éviter de se faire chiper la marge puisqu'il n'y a plus d'intermédiaire.

→ Le groupe Alibaba qui tenait le rôle de plateforme de commercialisation B2B ou B2C a fait une intersection holistique avec le rôle de banquier : dès que les entreprises partenaires de la plateforme ont besoin de trésorerie, elles vont sur Ant Financial qui leur accorde un prêt en deux minutes et quelques clics, tout simplement parce qu'Alibaba a toutes les données utiles pour pouvoir vérifier la solvabilité de leurs partenaires avec des outils mathématiques avisés. Ant Financial dessert depuis dix fois plus de clients que les plus grandes banques américaines, tout en connaissant un taux d'insolvabilité quatre fois inférieur à la moyenne des meilleures banques mondiales. Elle propose aussi des prêts aux particuliers (alipay) et gère désormais l'un des plus grands fonds du marché monétaire au monde, en se voyant notamment confier les économies de centaines de millions de consommateurs chinois.

→ Il s'agirait pour **Nettoya** de multiplier d'autres rôles et services sur le site du client : faire de la conciergerie d'entreprise, apporter des rituels d'animation permettant au collectif de vivre de nouveaux moments d'inclusion, prendre en charge l'entretien courant des locaux (éclairage, retouche peinture et déco, espaces verts, etc.) et leur exploitation (sécurité, contrôle d'accès, signalétique, etc.) ; améliorer le confort de vie en œuvrant sur la qualité de l'air, une meilleure vie acoustique, un meilleur confort thermique pour chacun dans le collectif.

> *Intersection entre l'univers que vous adressez et d'autres univers*

→ M&M's, qui est dans l'univers de la confiserie, s'est étendu dans d'autres univers business et émotionnels : un internaute peut envoyer une émoticône M&M's et une e-card à ses amis *via* les réseaux sociaux ; M&M's vous permet de personnaliser le motif de la friandise à l'effigie d'un événement personnel (baptême, mariage, voire demande en mariage) ou professionnel (M&M's des cinquante ans de l'entreprise, M&M's du club de foot, etc.).

→ Le lauréat du CES 2020 Innovation Award, OPTé ™ Precision Skincare System, se situe à l'intersection entre l'univers de la crème cosmétique et celui de la retouche digitale des photos : vous parcourez la peau de votre visage avec une forme d'appareil ressemblant à un rasoir électrique, qui va scanner instantanément votre peau pour analyser votre teint, détecter les taches de vieillesse et solaires ou l'hyperpigmentation de la peau et qui applique instantanément sur chacune des tâches un sérum qui va la camoufler et en atténuer son apparence dans le temps, comme si vous faisiez une retouche digitale, mais en vrai.

→ Alors que le télétravail se développe, les entreprises clientes auront éminemment besoin de recréer une forme de local commun virtuel pour tous ceux qui sont à distance en télétravail et qui leur donne encore plus l'impression d'être ensemble au service de l'entreprise, au lieu de voir chacun chez lui avec son arrière-plan visio, tel que c'est le cas en ce moment. Nettoya peut s'inspirer dans ce sens de champions éloignés, de type Peloton, qui donne l'impression à un cycliste dans son appartement de faire le col du Tourmalet avec des comparses. Ainsi chacun a l'impression de voir tout le monde dans la même salle d'animation et d'être ensemble au sein de cette salle. Notons que, si le télétravail se généralise, alors le nombre de mètres carrés à nettoyer en entreprise va s'effondrer, avec peut-être une autre intersection qui serait le nettoyage du lieu de télétravail de chacun.

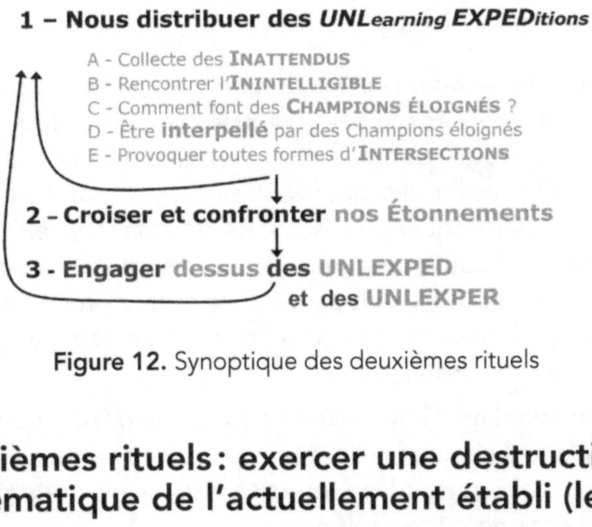

Figure 12. Synoptique des deuxièmes rituels

Troisièmes rituels : exercer une destruction systématique de l'actuellement établi (le A)

Toute entreprise ou start-up reste forcément limitée par son propre spectre d'expérience et son propre périmètre stratégique (compétences, offres et débouchés clients). Elle est à l'image du réverbère qui ne voit que ce qu'il éclaire et qui ignore tout ce qui se passe dans son ombre. Souvenons-nous de cette fameuse histoire du camion qui se retrouve coincé sous un pont : des ingénieurs s'affairent pour le décoincer en considérant la partie haute du camion qui touche le pont, quand un paysan arrive de l'extérieur du réverbère du problème posé et propose tout simplement de dégonfler les pneus. Les ingénieurs sont tellement dans le réverbère de la partie haute qui touche le pont qu'ils lui demandent en quoi le fait de dégonfler les pneus va arranger le problème, puisque c'est le haut du camion qui touche le pont. La morale de cette histoire ne vise évidemment pas les ingénieurs, mais bien le réverbère qui nous éclaire. Si c'est contre-nature d'éteindre notre réverbère, pourquoi ne pas ouvrir notre réverbère à des paysans au sens le plus riche du terme, pour qu'ils réagissent dessus et nous nourrissent de leur effet miroir ?

Faire codétruire l'actuellement établi par un cercle d'autres entreprises

Il s'agit de réunir un cercle de quelques personnes ou dirigeants d'entreprises qui sont dans des secteurs diversifiés et différents du vôtre, pour les laisser réagir sur ce qui peut être flagrant pour eux mais que vous ne voyez pas sous votre réverbère. Réciproquement, eux aussi devraient en faire autant avec vous et d'autres encore. Ce rituel mériterait d'être facilité, voire incité par les clubs d'entreprises à proximité de la vôtre. Voici le processus associé pour une entreprise que l'on va appeler « l'interpellée ».

En premier lieu, l'interpellée prépare une description écrite de ce qu'est et ce que fait l'entreprise, qu'elle donnera comme base pour faire réagir les « interpellants ». Cette description, qui tient sur une page, doit être :

- compréhensible à la lecture par les interpellants sans aucune explication verbale ;
- suffisamment nourrissante pour permettre à des novices externes de jouer avec, sans non plus les enfermer par trop de contenu.

Voici une fiche que j'ai éprouvée depuis quelques années (*cf.* figure 13) et qui peut vous aider à nourrir le contenu de votre description.

<table>
<tr><td colspan="2">1 - Qui sont les principaux clients que l'entreprise cherche à satisfaire ? __________</td><td colspan="2">1bis - À quels interlocuteurs s'adresse principalement l'entreprise chez le client 1 ? __________</td></tr>
<tr><td colspan="2">2 - Quel est (sont) leur(s) principal(aux) besoin(s) au(x)quel(s) l'entreprise répond ? : __________</td><td colspan="2">2bis - Quel est le pourquoi ou l'objet de leur besoin 2 ? __________</td></tr>
<tr><td>3 - Quelle est l'offre ou la solution de l'entreprise associée au 2 ? __________</td><td colspan="2">3bis - Quelle est la valeur apportée au client ? __________</td><td>3ter - Quels sont les maillons clés à mettre en œuvre dans l'entreprise pour délivrer la valeur 3bis ? __________</td></tr>
<tr><td colspan="4">4 - Comment l'entreprise segmente-t-elle son marché ? __________</td></tr>
<tr><td colspan="4">5 - Quel est le modèle de l'entreprise pour développer les ventes et les clients ? __________</td></tr>
<tr><td colspan="4">6 - Comment le chiffre d'affaires de l'entreprise est-il constitué ? __________</td></tr>
<tr><td colspan="4">7 - Quelles sont les contraintes clés pour délivrer au mieux la valeur 3bis ? __________</td></tr>
<tr><td colspan="4">8 - Quelles sont les compétences clés de l'entreprise ? __________</td></tr>
</table>

Figure 13. Fiche de description de l'entreprise

L'interpellée disposera son contenu ainsi renseigné sur un mur à écrire et réunira cinq à huit interpellants pour les faire réagir en mode non verbal (on s'exprime et réagit par l'écrit et on écoute par la lecture des écrits des autres), à travers les étapes suivantes, qui reprennent d'ailleurs des éléments vus précédemment dans ce chapitre, éventuellement avec un animateur de réunion.

> *Ridicules, impossibles, interdits et indésirables*

Demandez aux interpellants de poser tous les indices de ridicules (a), d'impossibles (b), d'interdits (c) et d'indésirables (d) qui leur passent par la tête à partir de la matière issue de la fiche. Les interpellants doivent préciser la lettre de l'indice concerné (a, b, c ou d) et le relier à la matière qui s'y rapporte. Chacun essaie de rebondir par écrit sur les écrits des autres. S'ensuit une phase verbale au cours de laquelle les interpellants peuvent étayer leurs apports.

> *Contraires de l'existant : VujaDé*[45]

Demandez-leur d'écrire tous les contraires à partir de cette matière qui leur passent par la tête. Les interpellants les relient à la matière qui s'y rapporte et rebondissent sur les écrits des autres. S'ensuit une phase verbale au cours de laquelle les interpellants peuvent étayer leurs apports.

> *Champions éloignés*

Demandez-leur d'écrire quels sont selon eux les noms de secteurs ou d'acteurs éloignés de l'interpellée et qui seraient beaucoup plus avancés ou performants qu'elle sur un sujet particulier qui la concerne. Les interpellants doivent relier leurs suggestions à la matière adéquate, les préciser et rebondir sur les écrits des autres. S'ensuit une phase verbale au cours de laquelle les interpellants peuvent étayer leurs apports.

> *Intersections*

Demandez-leur d'écrire toutes les intersections qui leur passent par la tête avec n'importe quel contenu de la fiche. Ils doivent les relier à ce contenu et rebondir sur les écrits des autres. S'ensuit une phase verbale au cours de laquelle les interpellants peuvent étayer leurs apports.

L'interpellée peut utilement être représentée par quelques personnes : leur rôle est de s'ouvrir et de saisir au maximum le sens des apports des interpellants et non pas d'y réagir ni d'objecter, ou de contre-argumenter.

Quand des interpellées témoignent de leur retour d'expérience de codestruction par un cercle d'entreprises, elles disent souvent qu'elles sont stupéfaites qu'en à peine trente minutes ou une heure des interpellants « paysans » aient pu sortir des tas de choses nouvelles, dont certaines que l'interpellée, elle-même, avait mis plusieurs années à trouver. C'est à partir de toute cette matière que l'interpellée prendra soin d'engager des UNLEXPED et des UNLEXPER, à partir de ce qui dérange, de ce qui gratte, de ce qui interpelle et de ce qui se révèle dissemblable, et non pas de ce qui ressemble à ce qu'elle a déjà fait ou de ce qui lui semble évident.

Exercer des ratages, des inverses et des régressions sur l'actuellement établi

La sérendipité regorge d'illustrations qui incarnent précisément des ratages, notamment dans le domaine gustatif et que tout le monde connaît :

- la sauce béarnaise : réduction d'échalotes ratée rattrapée par une émulsion avec du jaune d'œuf ;
- la tarte Tatin : cuisson trop longue des pommes au beurre sucré rattrapée en plaçant la pâte sur le dessus ;
- le pineau des Charentes : versement par erreur d'une quantité de moût de raisin dans une barrique contenant de l'eau-de-vie de Cognac.

Ce sont bel et bien des ratages en premier lieu, qui donnent naissance à de nouvelles créations de valeurs a posteriori.

Au même titre, pourquoi une entreprise ne s'amuserait-elle pas à faire l'inverse de chaque point de l'état de l'art de son A, uniquement pour s'en dévier et utilement trouver autre chose que ce qu'elle sait et fait déjà, car c'est précisément ce que font les disrupteurs :

- vous pouvez partir de la fiche de description (*cf.* figure 13). Quelque part, cette fiche exprime l'état de l'art de ce qu'il faut faire dans l'entreprise avec les préférences associées ;
- prenez chacune de vos préférences et amusez-vous à faire rigoureusement son inverse et ou à faire exprès de l'omettre (comme si vous faisiez un ratage ou un oubli) à travers des UNLEXPER, en vous attachant à bien valoriser les inattendus et les étonnements que cela a provoqués ;
- exploitez ce que vous venez de trouver : quels sont vos plus gros étonnements et inattendus ? Quelles nouvelles UNLEXPER et UNLEXPED vont permettre d'approfondir ces inattendus ?

- comment croiser à bon escient ces révélations en vue d'une nouvelle création de valeur potentielle sur laquelle vous allez itérer d'autres UNLEX?

→ Le négatif, au sens photographique, de « le client vient chez nous » devient « nous venons au client » : l'entreprise **Boulengya** pourrait livrer un coffret périodique frais qui intégrerait des surprises du chef; une autre possibilité serait de désapprendre en allant voir ce que fait Hellofresh, entreprise allemande spécialiste de kits repas à domicile, qui a connu de nombreux développements (n° 1 aux États-Unis) et est devenue une licorne en termes de valorisation dès 2015.

→ L'entreprise **Boulengya** pourrait systématiser des ratages à chaque fois qu'il y a une place libre dans le four, ainsi que des surplus de matières premières, voire les valoriser auprès des clients en tant qu'entreprise artisanale qui essaie des choses marrantes et les soumet à ses clients pour avis. Il serait intéressant d'aller s'étonner sur ce que fait un champion éloigné.

Comme indiqué précédemment, il serait fabuleux de simuler à l'infini tous les inverses et les ratages de l'existant *via* l'intelligence augmentée.

Exercer des régressions pour faire des innovations négatives

C. Christensen, professeur à Harvard, a inventé le mot « disruption » en 1995[46] à travers des études confirmant ceci : dans un environnement concurrentiel établi, tous les acteurs cherchent à valoriser encore plus auprès de leurs clients les critères de performance historiques. Il suffit de régresser en valeur apportée sur ces critères (apporter une valeur négative, nettement moins bonne, voire nulle sur tout ou partie de ces critères) et de compenser cette perte de valeur par l'apport d'une valeur importante *via* un nouveau critère, pour créer une nouvelle courbe en S au détriment des acteurs historiques. Ce mécanisme peut, à juste titre, vous faire penser au livre *Stratégie océan bleu* sorti en 2004, qui s'en est inspiré. Depuis cette révélation, le mot « disruption » est souvent employé en substitut du mot « innovation », mais de manière abusive selon son auteur, lequel tenait encore à préciser récemment que le mot « disruption » ne concerne que les innovations négatives.

→ La série de jeu vidéo Animal Crossing tient son succès par le simple fait qu'elle propose un jeu qui n'a pas de but, contrairement à tous les jeux vidéo de l'époque.

→ Avec le durcissement de la réglementation thermique française, les vérandalistes doivent proposer des vérandas de mieux en mieux isolées avec des coefficients d'isolation proches de celui d'une maison. La pergola bioclimatique est nulle en isolation, mais elle apporte d'autres attraits qui « le valent mieux » : ventilation naturelle, meilleure intégration dans le jardin et avec l'esthétique de la maison, vue panoramique, autonomie énergétique, fonctions intelligentes autonomes (capteurs de pluie enclenchant une toiture lambrissée étanche), éclairage zénithal, chauffage localisé, etc.). Il peut arriver que son prix au mètre carré soit pourtant nettement plus élevé que celui des vérandas… correctement isolées.

→ Les premiers smartphones étaient équipés d'une fonction caméra dont la qualité de résolution était régressive, « négative » comparativement aux appareils photo numériques de l'époque, mais largement compensée par ceci : on l'a tout le temps avec nous, en général chargé, et surtout il est connecté, ce qui nous permet de partager des images (une grande partie des licornes digitales surfent sur le partage d'images *via* les réseaux sociaux). Grâce à cette faible résolution d'image, nous pouvons transmettre plus rapidement une photo (*cf.* les très faibles vitesses de réseaux de l'époque) sans payer trop de contenu à envoyer. Aujourd'hui, nombreux sont les foyers qui ont remisé leur appareil photo digital dans un placard ; par ailleurs, les smartphones atteignent une résolution d'image qui dépasse les 32 mégapixels. Sont-ils exposés à leur tour à la même surqualité que celle des appareils photo de l'époque, laquelle appelle à de nouvelles innovations négatives ?

Faire plancher un comité d'auteurs sur votre propre science-fiction

L'acte d'écrire un roman de science-fiction consiste par essence à s'abstraire de tous les impossibles des humains d'aujourd'hui pour se laisser rêver dans de nouveaux possibles futurs en jouant sur les peurs associées. Plus l'auteur fait cet acte avec zèle et plus son œuvre a une valeur ajoutée. Voici une kyrielle d'avancées technologiques et digitales avérées prédites par des œuvres de science-fiction :

- le film *Metropolis* sorti en 1927, dans lequel un inventeur conçoit un robot humanoïde métallique qui est ensuite humanisé pour ressembler à Maria, un personnage du film ;
- le roman *Fahrenheit 451* sorti 1953, qui préfigure les écouteurs connectés comme les Earbuds d'Apple ;
- la série *Star Trek* en 1966, qui préfigure les téléphones portables ;
- le roman *Les androïdes rêvent-ils de moutons électriques* sorti en 1966 puis adapté en *Blade Runner* en 1982, qui préfigure les voitures volantes ;
- le roman *Space Odyssey* sorti en 1968 puis adapté en film trente-trois ans plus tard sans perdre une ride, qui préfigure le visiophone et la carte de crédit ;

- le roman *Demon Seed* sorti en 1973 puis adapté en film en 1977 (*Generation Proteus*), qui préfigure un ordinateur artificiellement intelligent capable de guérir la leucémie et une maison intelligente où tout peut être contrôlé par ordinateur en passant par des kyrielles d'objets connectés ;
- le film *Terminator* sorti en 1984, qui prédit les drones en 2029 ;
- le film *Total Recall* (*Voyage au centre de la mémoire*) sorti en 1990, qui révèle les voitures qui se conduisent toutes seules.

Votre entreprise gagnerait à faire plancher un cercle d'auteurs sur sa propre science-fiction, en leur donnant la même matière minimaliste que celle du rituel précédent. Elle peut proposer un projet pédagogique avec des écoles secondaires ou supérieures, ou s'adresser à un club d'auteurs de science-fiction. Ces auteurs doivent avoir un profil plutôt débridé par l'imaginaire (école des Beaux-Arts, architecture, metteurs en scène). Leur mission est d'écrire ce qui va faire rêver les gens d'aujourd'hui sur les incroyables avancées du futur par rapport à la matière ouverte de l'entreprise, quelle que soit la faisabilité de ces incroyables. L'entreprise peut favoriser l'émulation entre les auteurs pendant le parcours en récompensant la meilleure avancée à travers un comité de lecture *ad hoc*.

Autant l'entreprise doit se départir de ses croyances limitantes et erronées, autant elle peut s'ouvrir à toutes les croyances inspirantes et engageantes, ne serait-ce que le rêve des enfants de 3 ans qui vivent en nous.

C'est ce que lui apportera ce cercle d'auteurs à condition de passer à l'acte de faire des UNLEXPER dessus, desquels pourrait naître (*cf.* JFK) le choix difficile de marcher sur la Lune.

Le recours à des prodiges en science-fiction nourrit les capacités visionnaires des propres hommes de l'entreprise :

- E. Musk, selon son frère, lisait deux livres par jour quand il était jeune, dans des disciplines variées dont des livres de science-fiction ;
- S. Jobs a mentionné *Star Trek* lors du lancement de nouveaux produits (iPad et iMac 27). On peut constater des similitudes entre les appareils Apple et ceux de *Star Trek*, dont l'iPhone qui est une sorte de tricordeur. Notons que S. Jobs avait 11 ans lors de la sortie de *Star Trek*.

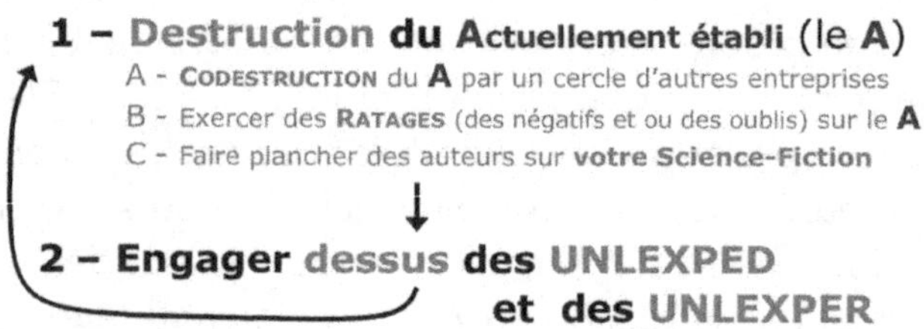

Figure 14. Synoptique des troisièmes rituels

Quatrièmes rituels : sortir de ce que l'on voit dans les outils actuels de management d'entreprise

De nombreux concepts ont été développés depuis plusieurs décennies pour nourrir les entreprises et les start-up, notamment dans leur quête d'apporter une nouvelle création de valeur. Souvent, les entreprises emploient ces concepts pour se rassurer dans leur volonté d'innover et de créer une nouvelle valeur. Or, par essence, tout concept est un système d'enfermement correspondant à l'image des marionnettistes de la caverne de Platon. Certains n'y vont pas de main morte en alléguant que, en s'entichant de concepts, nombre d'entreprises fabriquent leur propre système d'*innovation washing* (ou théâtre de l'innovation[47]), voire d'autres encore qui soulignent les effets contre-productifs du *lean startup*[48] – rassurez-vous, ce concept est utile à un endroit précis du cycle de l'innovation, mais bien plus tard (*cf.* chapitre 5) – sur la créativité divergente, notamment avec son échec flagrant avéré sur General Electric.

Certains se demandent même si ceux qui parlent le plus d'innovation sont en fait ceux qui en font le moins. On peut en effet penser que ces derniers tombent en plein dans l'effet de vérité illusoire (*cf.* chapitre 1). Employons-nous donc à nous dévier de la caverne de certains de ces concepts, ne serait-ce que pour découvrir autre chose que ce que les entreprises savent déjà et font déjà avec ces concepts.

Désapprendre du client, de ses besoins et de ses irritants

Les clients, eux aussi, se comportent comme des abeilles à double titre :

- sans le savoir, ils restent dans le statu quo de l'existant. Quand ils sont dans leur carafe, qui dorénavant tourne le dos à la lumière, ils vont vous demander de les aider à aller vers la lumière, comme en attestent des citations d'Henri Ford, l'inventeur de l'automobile à coût industriel : « Si j'avais demandé aux gens ce qu'ils voulaient, ils m'auraient répondu des chevaux plus rapides » ; « Le client peut choisir la couleur de sa voiture, pourvu que ce soit noir. » Certes, pouvoir choisir la couleur est désiré par le client, mais ne faire la Ford T que de la couleur noire la rendra d'autant moins chère pour eux ;
- comment les clients peuvent-ils nous dire ce qu'ils veulent s'ils ne l'ont jamais vu ? En attestent deux citations de S. Jobs : « La plupart du temps, les gens ne savent pas ce qu'ils veulent avant que vous leur ayez montré » ; « Ce n'est pas le job du client de savoir ce qu'il veut. »

Par conséquent, si vous voulez innover, au lieu de suivre les clients qui vous demandent d'aller vers leurs croyances (la sortie est du côté de lumière), vous feriez mieux d'explorer pour leur compte toutes les possibilités qui leur seraient offertes en dehors de leurs croyances. La première hypothèse est pourtant le piège dans lequel tombent nombre d'entreprises, piège que C. Christensen appelle le « dilemme de l'innovateur » et qui explique pourquoi tant d'entreprises échouent avec leurs innovations : elles font l'erreur classique d'écouter leurs clients qui demandent une nouvelle valeur, non pas radicale par rapport à l'existant, mais incrémentale, comme de rendre le produit plus performant, moins cher ou encore plus fiable ou sobre. De fait, les clients de l'entreprise la conduisent à ne pas innover.

Notons que, comme de nombreuses études l'ont démontré, une innovation, contrairement à une évolution, n'est pas attendue par le marché, même si elle apporte une valeur jusque-là inattendue.

Quid des concepts d'empathie et d'écoute client comme le _design thinking_ avec, entre autres, la concentration sur l'expérience et le parcours client, et la remontée de ses irritants ?

Ces approches sont précieuses une fois que l'on a trouvé une nouvelle source de valeur décisive, mais commencer par ces approches ne permet pas de la trouver, comme le soulignent plusieurs parutions récentes. Ainsi, N. Iskander démontre dans un article[49] que le *design thinking* est, au fond, une nouvelle appellation de l'approche rationnelle de résolution de problème classique qui commence par s'appuyer sur des données sur le problème existantes, en mettant plus l'accent sur la consultation client. Le *design thinking* n'est donc pas une approche irrationnelle qui nous fait sortir de nos filtres pour trouver une nouvelle valeur décisive client à partir du néant.

On peut penser que, à trop respecter l'environnement vu du client et son expérience vécue, on tombe par essence dans du A' : disrupter l'existant du client au lieu de créer une disruption pour le client. Cela nous empêche insidieusement de faire un B, de créer une disruption client, lequel B n'a rien à voir puisqu'il commence par enfreindre le vu et le vécu de l'abeille client (*cf.* chapitre 1).

Notons au passage que ces concepts étant dorénavant largement utilisés par la majorité des entreprises, ils aboutissent forcément à la même sphère de valeur *me too* que celles de vos concurrents. Bien entendu, répondre aux irritants clients permet de leur apporter une meilleure valeur, mais pas une valeur décisive.

Voici deux approches pour désapprendre des clients, de leurs besoins et de leurs irritants.

> *Première approche : débusquer le(s) problème(s) abdiqué(s) du client*

Je vous propose une approche, sans doute plus irrationnelle, qui consiste à se mettre en errance pour débusquer les problèmes abdiqués des clients dont voici la définition : ce sont des problèmes intolérables, que les clients ont fini par subir sans broncher, étant eux-mêmes convaincus qu'ils sont insolvables pour toujours. En d'autres termes, ce sont les sources d'empoisonnement majeures des clients dont ils ne parleront jamais et dont ils n'ont même plus conscience, si ce n'est qu'ils ont toujours fait ça comme ça !

→ Je prends souvent l'exemple du taille-haie pour illustrer cette approche lors de mes interventions en entreprise. Après avoir expliqué ce qu'est techniquement un problème abdiqué, je propose à l'audience d'énoncer quels seraient les problèmes abdiqués du taille-haie. J'obtiens souvent spontanément les réponses suivantes :

il faut une échelle, le câble gêne, ça fait du bruit, etc. Ces réponses sont en général des « irritants clients », puisqu'ils viennent naturellement à la conscience des usagers. Il s'agit de prendre le temps de dépasser le rationnel et de saisir ce qui empoisonne les usagers et qu'ils se sont résignés à enlever de leur conscience pour prendre la vie du bon côté. Supposons que le problème abdiqué soit formulé comme suit : c'est une corvée de tailler les haies. Alors, une nouvelle valeur décisive consisterait à faire un drone qui taille la haie : il s'agirait d'un drone muni de lames coupantes qui pourrait intervenir sur toutes les haies du jardin, quelle que soit leur hauteur, sans aucune intervention humaine. Comme il a une autonomie forcément limitée, il ne peut tailler que sur une courte période. En revanche, il peut retourner au travail à chaque fois qu'il est rechargé, permettant dès lors de tailler de grandes haies. Par conséquent, il peut tailler beaucoup plus fréquemment, auquel cas, les coupes sont ultrafines et il n'y a plus besoin de ramasser les déchets de coupe, à l'image du *mulching* (littéralement « paillage » en français), pratiqué par les tondeuses de gazon automatiques. Cette solution permettrait aussi de résoudre le problème de certains arbres (comme les thuyas) qui n'ont plus de verdure à l'intérieur lorsqu'on a omis de les tailler pendant une certaine période. En allant encore plus loin, on pourrait permettre à l'utilisateur de choisir la forme souhaitée de chacune de ses haies, voire de créer des sculptures de telle ou telle haie[50] : l'utilisateur emploierait son smartphone pour faire une capture de la forme 3D et de la localisation de la haie à sculpter, pour dessiner et simuler la sculpture cible avec une application de réalité augmentée. Ensuite, le smartphone enverrait les instructions au drone. Les réseaux sociaux permettraient de valoriser, de partager les sculptures et d'émuler l'usage de cette solution.

L'objet de cet exemple n'est pas de démontrer que son dénouement aboutit sur une bonne idée ou sur une valeur décisive, mais en quoi la recherche du problème abdiqué permet de se sortir du champ habituel de valeur.

→ Le virus de la Covid-19 peut provenir de n'importe quel maillon le plus faible. Il est invisible, sauf le jour où survient un cluster contaminé dans une entreprise cliente, provoquant une grave perte économique. Elle a beau prendre des mesures et rappeler les consignes de sécurité, le laisser-aller progresse, et potentiellement aussi le virus, qui reste invisible. Par ailleurs, les consignes et les protocoles de sécurité évoluent sans cesse, compliquant d'autant plus la gestion humaine pour l'entreprise, tout en les exposant à des risques sanitaires, voire pénaux. Si les entreprises clientes finissent par se dire que c'est normal, qu'il faut faire avec, **Nettoya** devrait s'évertuer à y apporter des réponses. Elle pourrait explorer des intersections avec des technologies et des process digitaux qui seraient employés sur le site client (capteurs thermiques, caméra contrôlant le respect de tel distanciel pour chacun, etc.), qui interagiraient avec chaque employé à travers son poste de travail ou son smartphone, et qui s'adapteraient en temps réel au durcissement/assouplissement des protocoles nouvellement imposés, tout en garantissant sa bonne application dans l'entreprise cliente vis-à-vis des instances publiques. Elle pourrait aider l'entreprise à rendre visible la progression du virus en allant s'inspirer auprès de champions éloignés sur cette question : les spécialistes de sécurité face aux virus et aux attaques informatiques. Elle pourrait émuler les équipes sur cette dimension *via* des systèmes de bonus-malus ou *via* une application ludique addictive (*escape game*). Au final, et bien entendu en fonction des UNLEXPER et UNLEXPED réalisées sur les points précédents, elle pourrait prendre en charge pour le compte de leur entreprise cliente l'intégralité de cette contrainte, y compris la relation avec chaque employé et les instances publiques. Ainsi, elle effacerait toutes les tracasseries associées pour leur entreprise cliente et réduirait le risque économique colossal que représenterait un arrêt complet de l'activité de l'entreprise pour cause de cluster généralisé.

Un problème abdiqué est une évidence une fois qu'il est trouvé.
Il est tellement intolérable que nous apporterons forcément une valeur décisive, si nous savons le résoudre.
Souvent, le plus dur et le plus long n'est pas de le résoudre, mais de se faire violence à s'en étonner pour le débusquer.

→ Quand on veut nettoyer une terrasse avec un nettoyeur haute pression, plus on utilise un jet fin et plus ça nettoie bien (meilleure pression du jet), mais, par contre, plus l'épaisseur du trait nettoyé petite. Il faut alors se concentrer pour bien viser, afin de ne pas laisser des taches de nervures toutes propres au milieu du reste qui est encore sale. Se faire violence, c'est s'en étonner, comme de quelque chose d'absolument anormal pour l'avenir et donc comme un problème abdiqué à résoudre. Pour y répondre, il serait possible de placer le jet sur un balai robot qui tout seul viserait et ferait le parcours du jet en pas à pas à la vitesse de balayage adéquate (comme une imprimante), en s'aidant d'une caméra permettant de scanner le nettoyage effectif, le nettoyage restant et la vitesse de balayage. Cela réduirait les redondances de passage et donc le temps passé et l'eau consommée. Pourquoi ne pas s'inspirer des tondeuses automatiques en guise de champion éloigné ?

Voici plusieurs pistes à employer de manière croisée et sous forme itérative afin de s'abstraire des besoins et des irritants clients pour débusquer leur(s) problème(s) abdiqué(s).

- **Opposer ce que le client aime faire avec ce que le client doit faire** en procédant comme suit :
  - élargir le sujet vu par le client, tant en termes de périmètre qu'en termes de temporalité, en l'observant vivre avec un esprit critique. Tailler les haies devient par exemple vivre dans son jardin et avec son jardin pendant les quatre saisons de l'année ;
  - renseigner ce que les clients aiment faire sur le sujet élargi, en les questionnant ou en questionnant leur entourage qui les observe, ou encore en les observant (quitte à segmenter les « aimer faire »). C'est ainsi que, pour le taille-haie, remontera par exemple « j'aime goûter la beauté du paysage qui change » ;
  - il devient possible alors de confronter ce que l'on vient d'obtenir avec ce que le client doit faire, en l'occurrence « tailler les haies ». Derrière ce que le client doit faire se cachent des « c'est toujours comme ça qu'il faut le faire » que les clients n'aiment pas faire.

→ On aime acheter les meubles Ikea, mais on doit les monter et cela arrive de devoir le faire en triple : le monter à l'envers, donc le redémonter et enfin le remonter correctement. Ikea pourrait proposer une application de réalité augmentée qui permettrait de monter le meuble comme il faut dès la première fois, voire qui ferait aimer le montage (possibilité de s'inspirer de Fortnite, champion éloigné en jeu addictif).

- **Provoquer des anormalités dans le scénario normal vu du client**, en procédant comme suit :
  - renseigner le scénario du client de manière facilement accessible et compréhensible pour un novice ;
  - convoquer de jeunes âmes qui ont encore leur curiosité de l'enfant de 3 ans, en leur demandant de provoquer toutes les anormalités qui leur passent par la tête à la contemplation du scénario du client. Il y a de fortes chances,

par exemple, qu'ils demandent pourquoi l'on doit tailler les haies avec tout ce travail conséquent associé. C'est ainsi qu'ils vont trouver anormal de tailler les haies tous les trois mois avec tant d'heures de travail à chaque fois, ramassage des élagages y compris ;

- pour chaque anormalité détectée, demander à ces mêmes jeunes de nous dire quel serait le rêve pour la pallier. Ils pourraient dire que la haie n'ait aucune pousse une fois mature ou encore que la haie se taille toute seule.

→ Il est anormal de chauffer une maison entière pour que chaque résident soit à bonne température. Concevons alors un système de chauffage ou de climatisation directement au plus près du corps de chacun, qui aurait le mérite d'être minimaliste en volume : en se contentant de chauffer ou de refroidir quatre personnes (0,075 m^3 chacun) dans une maison de 140 m^2, on évite de chauffer 350 m^3, permettant dès lors d'être 1 166 fois plus sobre et efficient. Dans ce sens, Sony vient de dévoiler un climatiseur portable qui se colle sur votre peau en ressuscitant l'usage du principe d'effet thermo-électrique de Peltier.

- **Remonter jusqu'à la finalité du client** : la finalité est le pourquoi ultime du besoin du client. Pour remonter à elle, il suffit de partir du besoin pour poser le pourquoi de ce besoin, puis le pourquoi du pourquoi du besoin, et ainsi de suite, jusqu'à ce qu'il n'y ait plus aucun pourquoi derrière. Une fois la finalité identifiée, il s'agit alternativement d'imaginer :

- quel peut être le rêve du client par rapport à sa finalité : quel est le rêve de l'enfant de 5 ans qui vit à l'intérieur du client ?

→ Prenons le « client » propriétaire de son entreprise qui a besoin d'un expert-comptable. En remontant au pourquoi du pourquoi, on peut penser que la finalité ultime dans laquelle son besoin d'un expert-comptable s'inscrit est de mieux maîtriser la valorisation de son entreprise. Le rêve du client qui découle naturellement de cette finalité ainsi formulée serait d'avoir une forme d'application qui lui montre en permanence comment évolue la valorisation de son entreprise à l'instant t et qui lui prédit comment sa valorisation va évoluer selon qu'il fait telle ou telle action ou prend telle ou telle option. Bien entendu, ce serait une estimation approximative, mais utile à un instant t, à l'image de ce que font les assistants de conduite sur la route.

– ce qui empoisonne le client à accomplir sa finalité.

→ Quand on emploie une tondeuse automatique, le besoin, c'est de tondre, mais la finalité c'est d'avoir une belle pelouse, or c'est empoisonné par exemple par le foisonnement des mauvaises herbes et des mousses. Nous pourrions équiper une tondeuse pour qu'elle détecte et localise l'arrivée de végétaux indésirables à l'endroit où elle passe et les traite sur-le-champ, c'est-à-dire au plus tôt de leur apparition, puisqu'il s'agit d'une tondeuse automatique. Ce traitement pourrait être à base d'énergie solaire et éviterait d'utiliser des fongicides toxiques.

• **Dépister l'univers de complexité qui étouffe le client**. Nous sommes dans un monde qui, par essence, se complexifie de plus en plus. Il devient donc difficile pour tout un chacun de maîtriser toute cette complexité à laquelle il est confronté. Il s'agit donc, ici, de considérer quel est l'univers de complexité auquel le client est confronté et sur lequel il n'a pas la compétence, voire ni l'envie, pour s'en occuper. Prendre en charge cet univers à sa place apporte une valeur décisive : on lui enlève toute la contrainte, en y apportant une meilleure performance et en lui permettant d'être plus performant sur le reste.

→ Le nettoyage n'est qu'une partie de l'hygiène et de la protection sanitaire, laquelle peut être critique pour le client dans des process de fabrication sensibles. **Nettoya** pourrait suppléer cette compétence et prendre en charge un niveau d'hygiène et de protection globale sur l'ensemble du site, quitte à s'immiscer dans les process de fabrication du client et à l'équiper d'équipements *ad hoc* (surface antibactérienne, Internet des objets, etc.) en s'engageant à la place du client sur un niveau de performance donnée et en l'engageant sur une longue durée réciproque.

> *Seconde approche : dévier la focale client, le rôle du client et le payeur*

Nous avons tendance à nous enfermer dans la considération du client comme étant celui qui nous paye, alors que le client mériterait plutôt d'être considéré comme un acteur à qui l'on peut potentiellement apporter de la valeur : le principe d'interrelation propre aux écosystèmes fait que, d'une façon ou d'une autre, cet acteur nous apportera en retour de la valeur, qui peut couvrir de multiples perspectives autres que de se faire payer par lui.

→ À sa naissance, Microsoft était passé très vite devant Apple, en apportant de la valeur à d'autres acteurs que les utilisateurs pourtant prisés par Apple, les développeurs, en leur prodiguant un langage de programmation qui facilitait leur tâche pour développer des programmes. C'est ce qui fait que MS-DOS puis Windows sont devenus un standard pour tous les clients utilisateurs, de par leur richesse en programmes disponibles. Apple en a tiré les leçons lors du lancement de l'iPhone, en adressant en premier, non pas les futurs acquéreurs d'iPhone, mais les premiers développeurs d'applications iPhone sur App Store, afin que l'iPhone contienne des applications fabuleuses à l'usage (par exemple, reconnaître une musique qui passe en la faisant écouter par Shazam).

- **Dévier la focale client.** Prenons une entreprise qui fabrique des bétonnières employées sur des chantiers par des entreprises de gros œuvre pour faire le mélange de béton. Amusons-nous à considérer tous les autres acteurs que l'acheteur de bétonnière, en nous attachant pour chacun à imaginer son problème abdiqué et ensuite à y apporter des réponses (*cf.* tableau 4).

Acteur	Problème abdiqué	Nouvelle Réponse à ce problème
Maçon	Dès que j'ai besoin de béton, il faut que je m'arrête de talocher pour remplir la bétonnière et attendre qu'elle ait fini.	1. Faire une bétonnière auto-alimentée que le maçon commande à distance pour lui demander de préparer le béton de tel endroit du plan BIM (*Building Information Manufacturing*) : bétonnière « Thermomix ».
Maître d'ouvrage	On n'est jamais à l'abri de mauvaise qualité cachée et on n'a pas de traçabilité de la pose.	2. Elle crache des puces RFID dans son mélange fini permettant de vérifier la consistance du béton posé à tel endroit et son mixage correct. En fin de chantier un drone pourrait discuter avec les puces pour vérifier la conformité.
Maître d'œuvre/ Architecte	J'aimerais faire des architectures plus audacieuses, mais cela engendre des contraintes structurelles difficiles à tenir *via* du béton standard.	1 et 2 permettent de personnaliser autant qu'on veut tel béton à tel endroit avec garantie de conformité. 3. Proposer une grappe de bétonnière sur le chantier permettrait de coupler diversité de béton et quantité de béton disponible sur le chantier.
Assureur du maître d'œuvre	Tout vice nous expose à un procès coûteux avec de lourdes pénalités.	4. L'assureur impose l'usage de bétonnières. 1, 2 et 3 dans tout cahier des charges gros œuvre du maître d'œuvre afin d'endiguer tout vice et risque de procès associé.

Vendeur de l'entreprise de gros œuvre	Comment nous départir de l'offre moins-disante qui sera la moins rentable ?	5. Monter un club fermé d'entreprises de gros œuvre qui ont l'exclusivité de cette bétonnière, offrant une vraie raison de vendre plus cher : « Nous vous garantissons toute la traçabilité du gros œuvre posé. »
Chef de chantier	Combien de maçons en plus pour assurer le délai à moindre coût ?	6. Lui apporter un outil de simulation et d'optimisation entre le nombre de maçons et de bétonnières, et l'impact sur coût-délai.
Ressources humaines des entreprises de gros œuvre	Il est difficile de recruter pour un métier a priori dur et peu attirant ; de plus en plus de mal de dos qui est de moins en moins toléré.	1. Réduire le mal de dos et rendre le métier plus technique. 7. Faire une application d'émulation des maçons comme une forme de jeu. 8. Inventer une truelle connectée permettant au maçon de se performer dans son art (*cf.* raquette connectée).

Tableau 4. Solutions proposées en déviant la focale client

Il ressort de ce tableau de nouvelles valeurs décisives pour un spectre d'acteurs autrement plus élargi. Notons que cela fait plus d'un siècle que toute l'industrie de la construction souffre de la non-traçabilité de la pose. Ce qui montre bien que ce n'est pas un irritant conscientisé par les clients, puisqu'il n'a toujours pas été résolu.

→ **Boulengya** pourrait apporter aux entreprises environnantes : « Cultivez votre propre blé dans vos espaces verts et nous ferons ensemble le pain de l'entreprise sous forme d'une belle expérience sociale » ; livraison groupée des commandes des salariés avec du pain ultrafrais juste avant la fin de journée de travail ; proposer à des enfants qui ont été invités à l'anniversaire d'un copain de participer au choix du gâteau d'anniversaire ou à sa conception, de donner des messages d'amitié qui figureront sur le gâteau ; pour les écoles, expérience éducative de culture de blé et de fabrication de pain associée, permettant notamment de mieux faire découvrir Boulengya.

- **Dévier le rôle des acteurs**

→ Prenons une entreprise qui intervient dans divers établissements collectifs (lycée, entreprises, etc.) pour entretenir des ouvrants automatisés (portails, barrières, portes, etc.). Quand un ouvrant est en panne, elle doit intervenir une première fois sur place, soit pour se rendre compte qu'il n'est pas en panne, mais mal utilisé (quelque chose gêne le capteur de fermeture), soit pour diagnostiquer la panne, auquel cas elle devra commander la pièce défectueuse. Elle devra alors revenir une seconde fois pour faire la réparation avec la pièce défectueuse. Dévier le rôle consisterait à ce que ce ne soit plus l'entreprise qui fasse cette première intervention, mais les utilisateurs du lieu : en référençant la configuration de chaque ouvrant dans une base et en fixant un sticker-QR-Code sur chaque ouvrant, un utilisateur sur site peut ainsi, avec son smartphone, identifier l'ouvrant qui est concerné (grâce au QR Code) et faire l'équivalent de la première intervention, grâce à de la réalité augmentée ou *via* une assistance visiophonique.

→ Pourquoi les salariés de l'entreprise cliente pour laquelle Nettoya travaille ne deviendraient pas des acteurs de la propreté et de la protection sanitaire au sein de l'entreprise ? Œuvrer pour éradiquer leurs aberrations à salir, suggérer de meilleures pratiques pour améliorer l'hygiène, endiguer les risques sanitaires et gagner des cadeaux collectifs dans ce sens ?

- **Dévier le payeur**

→ Ryanair et easyJet ont trouvé le moyen de faire payer non pas des voyageurs, mais des aéroports, alors que, jusqu'à présent, les compagnies payaient les aéroports en tant que prestataires fournisseurs. Tout simplement parce que de nombreux aéroports se sont multipliés sur le territoire au-delà de la multiplication des flux, la concurrence est donc rude et certains aéroports souffrent de sérieuses sous-fréquentations. Ces compagnies se font également payer pour des publicités soumises au passager sur Internet ou devant son siège pendant le vol. Ces déviations de paiement permettent au passager de payer moins cher, puisque d'autres acteurs payent avec lui. C'est ce qui fait que les passagers remplissent les lignes qui fréquenteront cet aéroport. Les aéroports s'y retrouvent-ils au niveau de leurs autres sources de revenus liées à la fréquentation ainsi apportée par ces compagnies à leurs commerces et parkings ?

Dévier la notion du métier de celle du marché

Les entreprises sont tellement éprises de leur marché qu'elles en sont rentières, à tel point que se développer dans son marché demeure la principale marionnette qui anime le collectif au fond de sa caverne. C'est ce qui fait qu'elles confondent leur métier avec leur marché. Pourtant, ce sont deux choses bien différentes :

- le métier est une intégration de compétences clés qui permettent à l'entreprise de délivrer de la valeur en levant des contraintes caractéristiques ;
- le marché est l'univers que l'entreprise adresse pour lui apporter de la valeur.

Pour prendre un exemple, quand vous discutez avec des entreprises qui font de l'intérim, elles estiment spontanément que leur métier, ce sont les ressources humaines, alors que c'est l'univers qu'elles adressent pour apporter de la valeur, soit l'expression de leur marché. En considérant la définition du métier citée plus haut, leur métier originel serait peut-être d'intermédier des besoins de proximité avec des ressources de proximité en tant que tiers de confiance.

Confondre métier et marché peut devenir un problème pour différentes raisons.

- L'art de la stratégie, c'est d'aller là où on est bon (compétences) et là où il y a les meilleures potentialités de création de valeur et où les autres sont fragiles ou absents (marché).

Une citation de S. Hawking nous alerte sur « là où on est bon » et nous instruit sur ce que veut dire une stratégie pertinente, quand il témoigne après quarante-cinq ans de maladie de Charcot : « Au fond j'aurais eu une belle vie. Les personnes handicapées devraient se concentrer sur les choses que leur handicap ne les empêche pas de faire, sans regretter ce dont elles sont incapables. » La maladie de Charcot a été diagnostiquée chez S. Hawking à l'âge de 20 ans. Cette maladie sombre conduit à l'affaiblissement et à la paralysie des muscles. Se lamenter sur les dégâts de sa maladie aurait conduit à la pire des vies.

Si l'entreprise d'intérim doit se développer encore plus dans les RH, elle embrassera d'autres compétences attendues dans ce marché, dont certaines peuvent coïncider avec son handicap. Par conséquent, elle s'écarte de là où elle est douée, avec la perspective de devenir au mieux moyenne sur toutes les compétences requises dans ce marché. Est-ce qu'au fond elle n'aurait pas une meilleure vie à se renforcer sur son métier en le déployant sur d'autres marchés qui sont plus porteurs que son marché actuel et pour lesquels le métier de l'entreprise est un vrai atout pour s'y développer ? C'est bien cette nouvelle combinaison de marchés qui pourrait rendre l'entreprise encore meilleure dans l'exercice de son métier au bénéfice de tous ces marchés, notamment son marché historique. Elle pourrait par exemple intermédier des besoins de machines avec des disponibilités de machines de proximité en tant que tiers de confiance. Les sociétés d'intérim n'étaient-elles pas à l'origine des plateformes bien avant d'autres comme Airbnb, Uber, BlaBlaCar, Deliveroo ?

• La citation d'A. Einstein « Tout le monde est un génie. Mais si on juge un poisson sur sa capacité à grimper à un arbre, il passera sa vie à croire qu'il est stupide » suggère que plus notre entreprise s'oriente vers ce qui est en phase avec ce que son métier permet de faire et d'apporter, plus son moral collectif et son rêve collectif s'épanouiront au service de ce en quoi l'entreprise est un génie. Tout marché, quel qu'il soit, peut connaître de sérieux virages en termes de métier : si avant il fallait savoir nager dans ce marché, demain, dans ce marché, il faudra savoir grimper à un arbre.

→ Un exemple édifiant est celui du marché de la photo qui est passé de la compétence argentique à la compétence numérique. D'un côté Kodak a absolument voulu savoir grimper sur un arbre numérique pour sauver son héritage dans son marché de la photo, alors que son alter ego, Fuji Film, s'est contenté de trouver le marché qu'elle méritait, compte tenu de ses capacités à savoir nager. Le métier de Fuji tout comme Kodak, ce en quoi elles savaient nager, était l'encapsulation de contenu par des procédés chimiques. Fuji a eu le mérite de chercher quel était le marché à haute valeur ajoutée que son métier méritait : il s'agit de l'industrie cosmétique à qui elle permet de :

- mieux protéger les qualités originelles des ingrédients lors de la fabrication de l'émulsion ;
- conserver l'émulsion dans un flacon jusqu'à son utilisation ultime.

Notons que Fuji est toujours présente dans le marché de la photo argentique qui est devenue une niche à haute valeur ajoutée.

- Quelle que soit l'entreprise, son marché actuel n'est ni éternel et encore moins promis à une croissance éternelle. Cela concerne non seulement une entreprise établie, mais aussi une start-up.

Les cas sont nombreux de start-up qui ont fleuri grâce à une vague et qui ont disparu, comme les florissantes Web Agencies qui concevaient des sites Web dans les années 2000.

> → A contrario, Fontanille est une entreprise qui a 150 ans : elle a su se développer dans la lingerie, le pansement sur mesure, etc., et même récemment la greffe de coraux. Chacun de ces marchés correspond à son métier, la fabrication de dentelles (enduites ou non de silicone liquide), et le renforce.

> → Si le marché de **Nettoya** est le nettoyage, son métier serait peut-être de prendre en charge des activités à faible valeur ajoutée pour le compte d'entreprises clientes en y mettant de la valeur ajoutée au niveau de son personnel. En effet, elle sait valoriser des métiers répétitifs a priori peu attrayants et pourrait adresser d'autres débouchés (entretien des espaces verts, surveillance et sécurité), voire prendre en charge chez son entreprise cliente des tâches peu attrayantes. Charge à elle de définir les meilleures pratiques pour réaliser ces nouvelles tâches. En procédant de la sorte, elle apporterait à ses salariés une diversité et un rythme d'interventions qui casseraient utilement la monotonie du nettoyage en permanence.

- La crise de la Covid a mis en péril du jour au lendemain des pans entiers de marché qui ont été brutalement immobilisés. Créer une diversité utile de marchés à partir de votre métier vous permettra de moins souffrir d'une monodépendance à un marché brutalement stoppé.

Figure 15. Synoptique des quatrièmes rituels

Conclusion

Rappelons que les pistes proposées pour Boulengya et Nettoya n'en sont qu'au stade du ridicule, leur pertinence et même leur valeur morale ne sont absolument pas démontrées ni assurées, mais ce n'est pas l'objet. Elles servent à nous libérer de nos croyances limitantes, jusqu'à engager dessus des UNLEXPER et découvrir ce qu'on ne sait pas que l'on va découvrir et s'en étonner. C'est ce qui va vous permettre de trouver, chemin faisant, une piste qui amène à une valeur décisive. Cette valeur n'aura peut-être rien à voir avec les idées initiales qui ne sont que le point de départ de ces errances, comme la naissance d'Internet ci-dessous.

→ En 1989, un ingénieur du CERN (Centre de recherche européen sur le nucléaire), T. Berners-Lee, veut répondre au problème abdiqué suivant: les scientifiques qui viennent du monde entier pour utiliser les accélérateurs de particules du CERN ont énormément d'informations précieuses mais éparses. Il propose alors un système d'information hypertexte à travers le protocole http que nous connaissons. Puis, avec son collègue R. Caillau, ils formalisent un système d'information permettant à un réseau mondial de systèmes d'information d'interconnecter leurs ressources par hypertexte: le World Wide Web qui est l'Internet que tout le monde connaît. Cette proposition visait originellement à améliorer l'usage du CERN et n'avait pas été acceptée par son patron en première instance. Or, elle a apporté d'autres usages et bénéfices qui dépassent l'objet initial de son géniteur et qui sont devenus décisifs trente ans plus tard : réseaux sociaux, e-commerce, e-média, e-santé, objets connectés, Blockchain, IA, Smartphone, engins autonomes, vidéo à la demande, plateformes web.

René Barjavel, auteur de science-fiction, explique que l'imagination n'est qu'un jeu de la mémoire qui construit ce qu'elle connaît. Elle s'enferme donc dans nos croyances tout comme la créativité et doit s'enrichir de l'inspiration. L'étymologie d'inspirer est « souffler dans le cerveau ». Pour souffler dans nos cerveaux et faire un *reset* de la mémoire, il faut pousser le zèle à faire des destructions de notre pensée, comme le souligne Pablo Picasso : « Tout acte de création est d'abord un acte de destruction. »

L'inspiration passe par de la désapprenance.
La désapprenance passe par de la destruction,
qui requiert un investissement fort en temps
et se réalise avec des moyens congrus.

Si votre entreprise veut innover en évitant soigneusement la destruction et la désapprenance, alors elle fera de la proclamation d'innovation (*innovation washing*) qui l'aveuglera dans son propre effet de vérité illusoire. Ce chapitre, consacré à la manière de favoriser l'efficience du soufflage dans nos cerveaux, a montré l'art de cultiver l'intelligence diversifiée couplé à la pratique de rituels d'errance destructive. Il vous ouvre un large spectre de rituels potentiellement employables à travers les quatre séries proposées. Bien entendu, vous n'êtes pas obligé de tous les pratiquer. Ce qui important, c'est de varier ces rituels et de les itérer à partir des étonnements qu'ils prodiguent.

À chaque fois que nous entamons un de ces rituels, nous acceptons avec enthousiasme de ne pas savoir où nous allons : c'est justement cela qui est précieux, car ce sont les étonnements issus de ce rituel qui vont nous montrer où il faut aller. Ils vont purger nos croyances limitantes et ouvrir nos croyances inspirantes et engageantes en tant que nouveau rêve à accomplir. Nous avons vu, à plusieurs reprises, à quel point l'intelligence augmentée peut y contribuer.

La clé de l'intelligence destructive et du parcours se situe dans le biblage de l'ensemble (RETEX de l'expérimentation test et RETEX du RETEX de toutes les expérimentations), lequel ne demande qu'à révéler des corrélations utiles entre les inattendus produits par tous ces rituels. Il s'agit d'un parcours d'errance avec curiosité et enthousiasme dont émergera l'invention d'une nouvelle création de valeur.

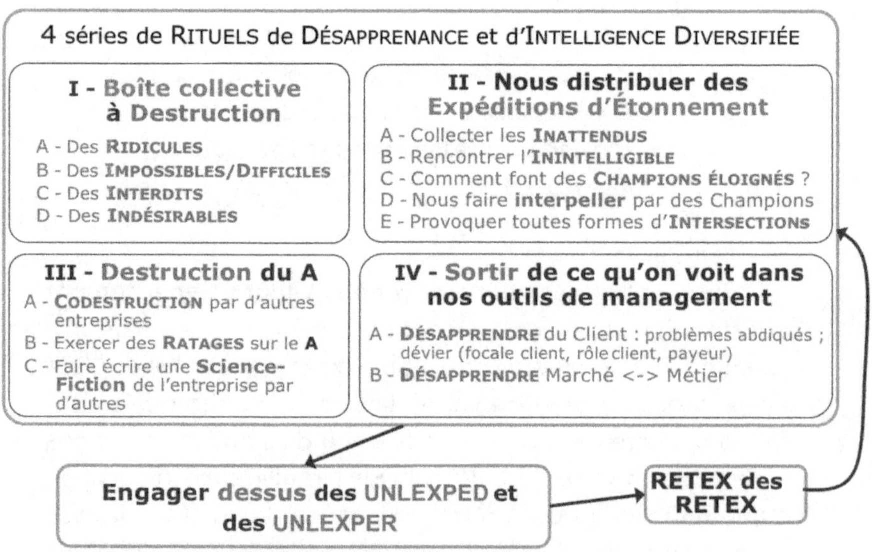

Figure 16. Synthèse des rituels et synoptique de la désapprenance en entreprise

Ce chapitre pose d'autres questions qui seront traitées dans les chapitres suivants avec les réponses associées :

- comment pratiquer ces rituels d'errance sans impacter la nécessaire efficience au quotidien de l'entreprise ou de la start-up ? Dans le chapitre 3, je vous montrerai qu'il y a des moments clés dans la vie de l'entreprise, où elle doit employer ces rituels et qui requièrent de se remettre en posture missionnaire. L'errance n'est pas incompatible avec la rigueur et la concentration, à condition d'élaguer en permanence ce que l'entreprise rajoute naturellement à son quotidien : élaguer, c'est alléger l'entreprise de sa complexité, laquelle va redoubler son agilité. Le chapitre 4 sera consacré à cet élagage qui est crucial en période de fortes incertitudes pour vous permettre de conjuguer agilité avec construction dans la durée, que vous soyez une entreprise ou une start-up ;
- si c'est le point de départ qui conduit à l'innovation, quelle est la suite du cycle pour engendrer une nouvelle courbe en S ? Le chapitre 5 vous détaille le cycle de la création de valeur qui mène à l'invention, puis à sa transformation en innovation. Y seront détaillées les phases ainsi que les pratiques et les postures pour chaque phase, notamment la réussite du passage de la vallée de la mort qui est inévitable pour toute innovation.

CHAPITRE 3

COMMENT DÉSAPPRENDRE SANS IMPACTER L'EFFICIENCE DE L'ENTREPRISE

Rendre l'entreprise tridextre

Une condition nécessaire mais non suffisante: rendre l'entreprise ambidextre

L'ambidextrie est la capacité à être autant doué dans l'usage des membres de la partie gauche du corps que ceux de la partie droite et à synchroniser les ouvrages de chaque main, à l'image de ce que fait un pianiste. Plusieurs études soulèvent la nécessité pour une entreprise de se découpler en deux parties suffisamment à la fois distinctes et en synergie:

- en 1997, C. Christensen, inventeur de la disruption et professeur à Harvard, révèle qu'une organisation unique ne peut pas favoriser deux systèmes, le premier, développer le A, et le second, créer le B, qui sont en concurrence. Les entreprises qui veulent obtenir une croissance disruptive doivent donc créer une organisation spécifique pour chaque système[51];
- en 2004, M. Tushman (Stanford) et C. O'Reilly (Harvard) suggèrent que les entreprises doivent créer deux organisations distinctes, mais liées: la première dédiée à l'exploitation et la seconde à l'exploration[52];
- en 2010, V. Govindarajan et C. Trimble (Dartmouth) incitent les entreprises à entretenir le meilleur équilibre entre le moteur de performance, celui qui minimise les

erreurs, et le moteur de découverte, celui qui encourage les expériences[53] ;

- en 2017, L. McGregor, coauteure du best-seller *Primed to perform*, montre que les entreprises doivent être aussi douées dans la performance tactique (se tenir à sa stratégie et chercher la meilleure cohérence-concentration) que la performance adaptative (s'écarter avec courage de sa stratégie pour produire de l'innovation). Or, la première a tendance à anéantir la seconde ;
- en 2019, il est montré que notre cerveau a autant besoin du cortex préfrontal (première dextérité de l'abeille) que d'actions d'errance (deuxième dextérité de la mouche) censées purger les mauvais filtres que le cortex préfrontal a demandé à ses partenaires d'accumuler (*cf.* note 7).

En corroborant ces études entre elles d'une part, et avec les enjeux de la désapprenance et de son mode opératoire (*cf.* chapitre 2) d'autre part, voici l'ambidextrie que les entreprises doivent développer pour former un véritable Yin Yang (*cf.* figure 17).

L'EXPLOITATION OPTIMISÉE		L'ERRANCE EXPÉRIMENTALE ET DESTRUCTIVE
Abeillitude		**Mouchitude**

Figure 17. Développer le yin et le yang de l'ambidextrie

La première dextérité, dite d'exploitation optimisée, vise à atteindre la meilleure performance possible, pour délivrer aux meilleurs coûts et délais un ensemble de produits et de services qui soient fiables par rapport à leurs attendus. Elle est absolument nécessaire dans l'entreprise : il arrive souvent que des start-up échouent à cause d'un manque de dextérité dans l'exploitation.

→ Une étude[54] réalisée sur plus de 250 plateformes multipartites révèle que les plateformes créées par des start-up ont une durée de vie très faible, en moyenne 3,7 ans, ce qui peut s'expliquer de la manière suivante : dès qu'un utilisateur est insatisfait, à tort ou à raison, du contenu de la plateforme ou d'un des fournisseurs de la plateforme, alors, en un seul clic, il peut le dénoncer à une masse considérable de futurs non-utilisateurs. S'il est facile d'intermédier par du digital deux parties prenantes, il est beaucoup plus difficile de le réussir de manière irréprochable dans la durée et quelle que soit l'accélération du nombre d'utilisateurs. À ce titre, le site Airbnb, dès sa conception, s'est attaché à creuser, à approfondir et à perfectionner les règles, les normes et la gestion des exceptions pour atteindre la meilleure irréprochabilité en restant le plus simple possible. C'est ainsi qu'a été conçu et développé le système de notation croisée résidents-hôtes, permettant de garantir le meilleur aux deux. Il y a certes quelques scandales épars, mais ils sont epsilonesques par rapport au volume d'expériences irréprochables. C'est ce qui fait qu'un touriste originaire de l'autre bout du monde peut venir en toute confiance chez tel hôte d'Airbnb en toute confiance. Cette confiance peut même être meilleure que celle des grandes chaînes d'hôtel pour lequel l'hôte est un numéro parmi d'autres.

Ce propos concerne toute entreprise, car la moindre défaillance de sa part peut multiplier, à tort ou à raison, la défiance des clients *via* les réseaux sociaux. À ce titre :

- nous sommes tellement habitués à nos applications digitales, que nous utilisons au quotidien, et qui marchent tout le temps, que nous supportons de moins en moins la moindre chose qui ne marche pas ;
- par ailleurs, les réseaux sociaux sont des porte-voix endiablés pour répandre tel reproche concernant telle entreprise au plus grand nombre.

Cela veut dire que chercher à satisfaire encore mieux les clients est peut-être devenu une croyance : il vaut mieux atteindre le zéro reproche, faute de quoi, le diable va s'abattre sur le sort de votre entreprise.

→ Un éditeur de jeux vidéo a sorti une nouvelle version très ambitieuse de son jeu Cyberpunk en décembre 2020, qui s'est malheureusement révélée être truffée de bugs. Cela a suscité un outrage mondial de ses utilisateurs, qui a engendré des sanctions des éditeurs de consoles et des plateformes de jeux et même des acteurs financiers, mettant de fait gravement en péril cet éditeur.

La nouvelle économie devient de plus en plus une économie d'irréprochabilité de masse propice aux champions en exploitation.

La deuxième dextérité, quant à elle, est cruciale : c'est un fait évident que le futur est notoirement différent du passé, il heurte la masse des filtres et des croyances que nous avons naturellement accumulés… sans que nous les voyions. Malheureusement, comme nous l'avons vu dans les chapitres précédents, la deuxième dextérité perd de son importance dans bon nombre d'entreprises au fur et à mesure de leur « embourgeoisement mental » :

Face à un environnement incertain, le confort généré par ce qui a fait ses preuves mène le collectif à exploiter ce qu'il croit être vrai, plutôt qu'à se perdre à errer sur ce qu'il ne sait pas. Il en résulte que l'entreprise fait de la surexploitation et de la sous-errance.

→ Dans une lettre envoyée aux actionnaires, J. Bezos développe un chapitre intitulé « Intuition, curiosité et pouvoir de l'errance » dans lequel il soutient ceci : « L'errance est un contrepoids essentiel à l'efficacité. Vous devez utiliser les deux. Les découvertes démesurées – les découvertes "non linéaires" – sont très susceptibles de nécessiter une errance[55]. »

Devenir ambidextre et veiller à y rester

Il faut mettre en œuvre un double modèle d'entreprise, c'est-à-dire deux modèles distincts qui sont suffisamment à la fois séparés et en synergie. Chacun de ces modèles, qu'il convient de développer au mieux dans votre entreprise, a ses spécificités (*cf.* tableau 5).

	Errance destructive et expérimentale	Exploitation optimisée
Objet	En quête d'inattendus, de chaos et de désordre, et de recyclage mental. C'est l'opposé du management[56].	Management de la performance.
Mise en œuvre	Intelligence diversifiée en employant des rituels itératifs d'errance : accepter de se perdre, aimer l'inconfort et la destruction du A, attiser la curiosité et scruter les étonnements, engager des *unlearning tests* de manière rigoureuse.	Intelligence concentrée spécialisée en employant les pratiques suivantes : concentration, organisation, planification et maîtrise, optimisation, efficience[57].
Skippers	Un skipper consacré à la mouchitude.	Un autre skipper en charge de l'abeillitude.
Approche stratégique	Adaptative et à visée décennale.	Tactique et centrée sur les deux ans à venir[58].

Tableau 5. Deux modèles conjoints dans l'entreprise (première partie)

Plutôt que d'avoir des personnes et des collectifs différents dans chaque modèle d'entreprise, il est préférable que toute personne de l'entreprise pratique régulièrement les deux modèles selon les situations et grâce à divers rituels auxquels elle participera dans chacun des modèles. En d'autres termes, l'idéal est que chaque personne de l'entreprise devienne parfaitement bilingue, et on ne devient réellement bilingue que quand on pratique assidûment les deux langues au cours de sa vie.

Il est important que la personne ne pratique pas ces deux modèles en même temps : M. Zomorodi rapporte, à travers de nombreuses études[59], les nombreux pièges de faire du multitâche à l'instant t, ainsi que les souffrances associées. Il s'agit de se concentrer à pratiquer uniquement un des deux modèles et sur une durée minimale. Par conséquent, cela nécessite de programmer des séquences et des rituels propres à chaque modèle qui structureront l'agenda de chaque personne.

Par ailleurs, il se peut que quelques personnes soient dédiées à l'un des modèles, mais elles ne sont pas nombreuses et elles y sont dédiées à 80 % de leur temps au maximum. Concernant les personnes dédiées à l'errance, leur rôle principal est de catalyser les rituels d'errance de tout le collectif et non pas de réaliser les errances pour le compte des autres, comme le démontre l'article[60] du professeur R.L. Martin.

Le second modèle pratique les rituels d'errance du chapitre 2. S'il est tentant de le placer dans un local à part, il faut veiller malgré tout à ce que tout le monde fréquente assidûment les deux locaux, faute de quoi vous aboutirez à deux modèles, certes distincts, mais non ambidextres. Au même titre, il est recommandé de fixer des objectifs croisés entre les deux modèles.

On dit souvent qu'il faut avoir un seul skipper sur un bateau, or, ici, il s'agit précisément de deux bateaux que chacun fréquente au gré de son agenda. Si l'entreprise a le même skipper pour les deux bateaux, alors les équipiers vont devenir dyslexiques face à la même personne qui parfois leur dit qu'il faut se concentrer, contrôler et piloter au mieux, et qui d'autres fois leur dit qu'il faut errer en acceptant de se perdre et qu'il faut engager des UNLEXPER à perte acceptable. Il faut donc un skipper différent pour chaque modèle, chacun ayant la faculté requise sur son modèle :

- bien entendu, la reine de l'abeillitude peut participer à des rituels de mouchitude, mais en tant qu'ouvrière, et réciproquement la reine de mouchitude peut participer à des rituels d'abeillitude, mais aussi en tant qu'ouvrière ;
- les deux reines doivent apprécier leur différence et coopérer sur très peu de choses essentielles à long terme concernant l'entreprise, et elles peuvent utilement se confronter pour d'inévitables problématiques d'arbitrage, mais à huis clos.

Nombreux sont les témoignages d'entreprises qui ont été performantes et innovantes clairement grâce à deux dirigeants différents en ambidextrie parfaite. Dans cette entreprise sous-traitante en aéronautique, par exemple, d'un côté, le P.-D.G. portait le modèle de l'errance permettant à l'entreprise d'innover sans cesse. De l'autre côté, le DG portait le modèle de l'exploitation permettant à l'entreprise d'être efficiente au quotidien et dans ses innovations. Quand le P.-D.G. est parti à la retraite, le DG l'a remplacé et l'entreprise a subitement perdu son modèle d'errance, jusqu'à un point de non-retour à l'innovation, tant elle s'était morfondue dans l'exploitation à la puissance double (exploitation^2).

On croit que la deuxième dextérité doit passer par l'emploi de profils très particuliers dans l'entreprise. Cependant, comme en témoignent les nombreuses expériences que j'ai vécues auprès d'entreprises, c'est juste une question de pratique progressive de chacun dans l'entreprise et c'est fabuleux pour tous, d'où l'ensemble des rituels proposés dans ce sens (*cf.* chapitre 2). Oui, cela peut nécessiter des profils particuliers pour animer et catalyser la pratique de ces rituels, mais ce sont bien toutes personnes de l'entreprise qui les pratiquent, à en devenir bilingues. Les meilleurs joueurs de football deviennent ambidextres, grâce aux sempiternels exercices d'ambidextrie prodigués par leurs entraîneurs.

Notons que différentes études ont révélé la dominance chez certaines personnes du cerveau gauche associé au raisonnement logique et rationnel, et chez d'autres personnes la dominance du cerveau droit associé à l'intuitif et à l'émotionnel. Comme le soulignent ces études, il s'agit de deux forces en compétition qu'il faut faire coopérer au mieux. Cela s'apparente aux deux modèles de l'ambidextrie dont il s'agirait de transformer la compétition en coopétition.

La condition complémentaire : rendre l'entreprise tridextre

David Packard, fondateur d'HP, rappelait que « beaucoup plus d'entreprises meurent de boulimie que de famine », or nous sommes dans une époque d'entreprises plutôt boulimiques, dans le sens où elles ont tendance à rajouter sans cesse des choses à faire. Ce peut être aussi bien des nouveaux process, produits ou services, débouchés, projets innovants, défis stratégiques ou indicateurs clés de pilotage.

> *Trop de process*

À force d'en rajouter, les process développent leur empire sur l'entreprise (avec l'appui des systèmes d'information qui en obligent l'usage), au détriment de l'efficience et de l'engagement de ses hommes. Ils alourdissent la complexité de l'entreprise qui veut redoubler d'agilité pour la pallier, mais cela ne traite pas la cause : il vaudrait mieux redoubler de légèreté dans les process pour redoubler d'agilité.

> *Trop de produits ou de services*

La valeur perçue de votre entreprise est nivelée vers le bas par la valeur perçue de votre plus mauvais produit ou service (un mauvais produit va massivement contaminer votre irréprochabilité). Et, plus vous multipliez le nombre de produits et de services, et plus la valeur perçue globale de votre entreprise tombe dans une forme de nivellement morbide vers le bas, causé par tous vos mauvais rejetons.

> *Trop de débouchés*

Si adresser de nombreux débouchés permet de favoriser la croissance et de réduire le risque de dépendance économique, adresser trop de débouchés n'est pas une fin en soi. S. Hawking témoigne : « Si certains de ces débouchés correspondent à ce que notre handicap nous empêche de faire, ils vont nous faire regretter la vie. » Par ailleurs, vouloir adresser tous les clients d'un débouché est un leurre, car certains de ces clients sont surconsommateurs de ressources et pénalisent votre compétitivité auprès des autres. Voici des propos tenus par Pierre Bellon, fondateur de Sodexo et ancien président de l'APM, face à des dirigeants d'entreprises de services qui se plaignaient de ce genre de clients : « Choisissez les clients que vous filez à la concurrence, c'est une clé de succès dans les métiers de service. »

> *Trop de projets innovants*

Si multiplier les projets innovants est tentant, pour nous rassurer que nous innovons suffisamment en quantité, cela comporte deux abîmes :

- différentes études, et notamment la plus originelle[61], constatent qu'en fait tous ces projets ne sont que de petites innovations au sens de petites prises de risque ; toute grande innovation, par essence, incarne une grande prise de risque censée ouvrir à un gros potentiel. Entre des entreprises du même secteur qui ont de nombreuses petites innovations et celles qui ont très peu de très grandes innovations, l'étude montre que ce sont clairement les secondes qui sont plus innovantes et plus performantes ;

– avoir plein d'innovations dilue l'engagement des hommes : même si on y trouvait de grandes innovations en termes de risques/potentiel, les hommes ne peuvent pas s'engager vraiment dessus, à cause du nombre. Par conséquent, seules beaucoup de petites innovations vont s'accomplir. Leur surnombre va engager un surcoût et une surcomplexité majeurs pour l'entreprise sans lui apporter le potentiel associé.

Soulignons une étude[62] réalisée en 2018 sur une douzaine de business, qui témoigne que nombre d'entreprises souffrent de boulimie de projets en tout genre dont la principale conséquence est que les collaborateurs les plus engagés quittent l'entreprise et les autres se désengagent progressivement.

> *Trop de défis stratégiques*

Multiplier les défis stratégiques revient à n'en avoir aucun et n'est qu'un ragoût de vœux : l'entreprise retombe dans les travers d'une prétendue stratégie qui n'est en réalité que de la tactique. À ce titre, on peut s'interroger quand on voit nombre d'entreprises qui engagent de nombreuses fusions-acquisitions pensant atteindre la taille qui leur permettrait de relever tous les défis stratégiques : ne serait-ce pas du pur fantasme ? Car la sensation de taille nous met en déni de la nécessaire prise de risque et les acquisitions sont plutôt l'œuvre de tactiques réactives. Par ailleurs, aucune taille ne nous préserve de ceux qui vont créer des disruptions à notre insu. Il suffit de regarder Facebook qui a maille à partir avec TikTok pour s'en convaincre.

« L'essence de la stratégie est de décider de ce que nous n'allons pas faire », insiste M. Porter, professeur à Harvard. Il n'empêche que l'exécution, la tactique et les désirs de multi-agilité nous font faire tout le contraire dans nos entreprises.

> *Trop d'indicateurs clés*

Multiplier les indicateurs clés de pilotage revient à ce qu'aucun ne soit clé. Cela embrouille les collaborateurs qui se perdent dans cette masse. Pire encore, si chacun a retenu des indicateurs clés qui ne sont pas les mêmes que ses pairs, alors le collectif se dispersera forcément dans tous les sens… ce qui nuira à la dextérité de l'exploitation.

L'ambidextrie telle que développée précédemment n'est pas suffisante, car chacune des deux dextérités alourdit l'entreprise :

- la première dextérité (l'exploitation au quotidien du A) amène forcément les entreprises à rajouter des choses. Souvent elles confondent à tort la recherche de la meilleure excellence opérationnelle avec la recherche de la meilleure efficience opérationnelle : avoir la meilleure excellence opérationnelle provoque une surenchère de choses à rajouter qui engendre des surcoûts et de la surcomplexité. Il est préférable d'atteindre la juste efficience opérationnelle (*cf.* chapitre 4). Comment pouvons-nous faire plus avec moins ? Si les hommes de l'entreprise ont déjà trop de choses à faire, rien que dans la première dextérité, alors ils n'ont pas une seconde à consacrer à la deuxième dextérité (l'errance destructive et expérimentale). Par conséquent, le collectif voudra trouver des innovations et aboutira sur des fausses innovations A', alors qu'il faut se donner du temps à errer pour trouver de vraies innovations B que l'on n'avait pas cherchées au départ ;
- la deuxième dextérité (l'errance) peut, elle aussi, amener l'entreprise à rajouter des choses de manière boulimique

à cause de toutes les idées générées et ravir les ressources nécessaires à la première dextérité.

L'ambidextrie devient alors contre-productive : non seulement elle ne permettra pas d'innover, mais, pire encore, l'encombrement provoqué par des innovations qui n'en sont pas va créer un désordre sans nom à tous les niveaux en affectant les deux dextérités.

Vouloir innover peut se révéler pire que de ne pas innover quand on considère la suraddition de choses que ça coûte à l'entreprise pour des innovations qui, finalement, n'en seront pas.

Combien d'entreprises se retrouvent aujourd'hui dans cette situation, laquelle les piège dans le biais cognitif de l'aversion de la perte : on ne peut pas se permettre de tout arrêter à cause de pertes associées, alors autant espérer que ça porte ses fruits.

Plutôt que de créer ce désordre, à la limite, l'entreprise ferait mieux de se limiter à ne faire que de la dextérité d'exploitation : n'oublions pas que notre cortex préfrontal a besoin de confort pour forger ses pensées. S'il est sans cesse interrompu pour n'importe quel stimulus, il n'a plus aucun rendement. Ce propos prévaut également pour l'intelligence collective.

D'un autre côté, la nature ayant horreur du vide, si nous restons dans l'exploitation, alors nous allons excéder en surexploitation et ainsi engendrer une addition dévastatrice de choses. R. Ashkenas, expert en leadership, n'y va pas de main morte quand il dit qu'involontairement et inconsciemment tous les managers sont des créateurs de complexité.

Oui, l'ambidextrie est nécessaire, mais elle n'est pas suffisante : pour réussir l'ambidextrie, il manque une troisième dextérité, l'entreprise doit se faire violence utile à élaguer en permanence des choses qui ont été additionnées au quotidien, autant dans l'exploitation que dans l'errance, d'où le terme de tridextrie.

Additionner des choses alourdit gravement la complexité dans l'entreprise et désengage les hommes.

Soustraire des choses permet de brutalement gagner en agilité et en engagement des hommes.

→ À son retour chez Apple, S. Jobs avait commencé par rayer quantité de produits (qui se souvient du Newton ?) et tenu les propos suivants en 1997 : « Les gens pensent que se concentrer signifie dire oui à la chose sur laquelle on doit se concentrer. Mais ce n'est pas du tout ce que cela signifie. Cela signifie dire non à la centaine d'autres bonnes idées qui existent. Vous devez choisir avec soin. En réalité, nous sommes aussi fiers de ce que nous n'avons pas fait que de ce nous avons fait. L'innovation dit non à 1 000 choses. »

Cela s'appuie sur un premier maillon qui consiste à fixer des rituels périodiques d'élagage. Chacun de ces rituels se réalise sur un périmètre donné, qui peut se situer aux différents niveaux hiérarchiques de l'entreprise. L'objet de chacun de ces rituels est de répondre à une question très simple : « Que supprimons-nous dans tout ce que nous faisons aujourd'hui et ce que nous voulons faire demain, pour mieux nous délester ? » Les conclusions de ces rituels doivent se transmettre, se soumettre entre les niveaux hiérarchiques.

Posez-vous les questions suivantes concernant ce premier maillon :

- quand avons-nous fait une réunion dernièrement pour élaguer ?

- avons-nous réellement des réunions programmées de manière périodique sur ce sujet ou plutôt des réunions ponctuelles réalisées à la demande ? À défaut à quelle fréquence ?
- faudrait-il les programmer (quitte à élaguer d'autres rituels) ? À quels niveaux hiérarchiques ?

Ce premier maillon ne peut pas être réalisé sans le deuxième maillon : savoir et clarifier ce qui est essentiel dans l'entreprise. En effet, à force de rajouter des choses, vous ne savez plus ce qui est essentiel. Il devient difficile dans ces conditions de savoir ce qui n'est pas essentiel et doit être délesté pour mieux s'élever vers l'essentiel. Oui, l'errance veut bien dire aller de gauche à droite à l'aventure (laquelle va nous montrer où il faut aller), mais il ne faut pas le confondre avec aller dans tous les sens. D'un côté, nous ne pouvons pas errer si nous n'avons pas d'essentiels ancrés en nous. Nous découvrirons plus loin deux essentiels conjoints : quel est notre moteur humain ? Quelle est la question stratégique à laquelle notre accomplissement futur devra répondre ? D'un autre côté, le rajout permanent de choses à notre vie nous fait quitter nos essentiels. Évidemment, cet égarement est encore plus exacerbé au niveau du collectif de l'entreprise.

Nous n'avons jamais autant parlé de l'absence de sens dans nos entreprises, serait-ce parce que nous n'en traitons que les symptômes ?

Quelles sont les causes de l'absence de sens dans nos entreprises ?

- À rajouter sempiternellement des choses à faire, tout le monde finit par aller dans tous les sens.
- Si l'entreprise a plein d'essentiels, alors rien n'est esSENSiel, et ses collaborateurs seront forcément en quête criante de sens.

- L'agilité est nécessaire face à un monde incertain, mais l'excès d'agilité nuit à ce qui est esSENSiel au niveau de l'entreprise, alors qu'elle devrait nous aider à nous en rapprocher.
- À force d'être agile au coup par coup, l'entreprise subit le futur et en perd le sens au lieu de le construire.
- Une agilité excessive nous prive du courage nécessaire pour construire le futur qui nous donne le sens, lequel sens nous donne le courage en retour: n'oublions pas l'étymologie du mot courage, «les passions qu'on rapporte au cœur».

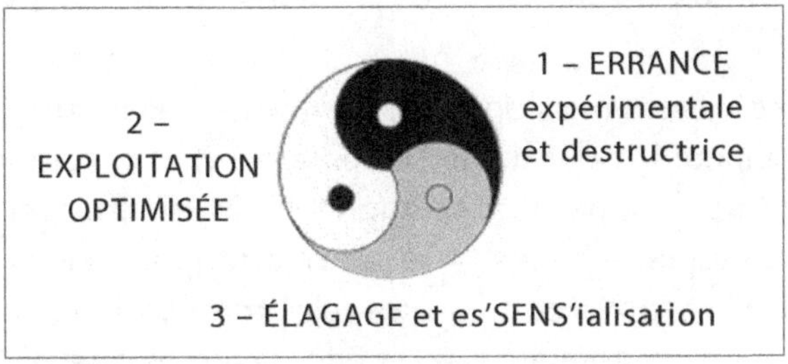

Figure 18. Développer la tridextérité de l'entreprise

À gauche nous retrouvons la première dextérité, tandis qu'à droite nous retrouvons bien la deuxième et en bas la troisième.

Nous verrons au chapitre 4 comment développer cette troisième dextérité que défendent de nombreux chercheurs et disrupteurs émérites (*cf.* figure 19).

Ils témoignent par ailleurs que trop de confort et trop de moyens nuisent à la partie droite et à la partie gauche de leur propos.

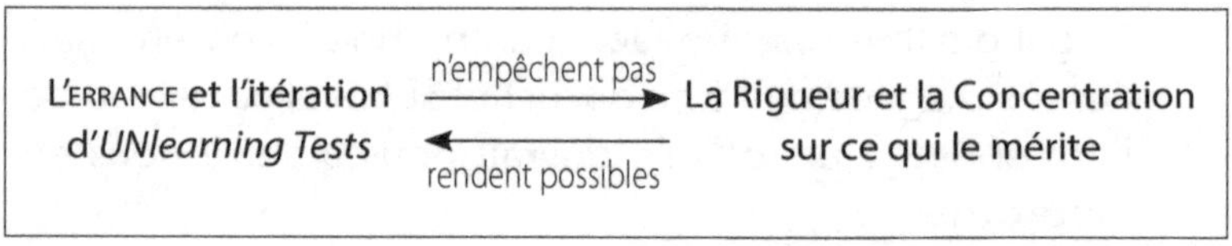

Figure 19. Deux pratiques absolument compatibles

(Re)démultiplier la posture collective missionnaire

La posture missionnaire nous rend désireux d'apporter une nouvelle valeur à autrui, alors que la posture mercenaire nous rend désireux de valoriser ce que nous avons. Cela veut dire que par essence :

- d'un côté, les missionnaires sont tous des errants : ils sont animés par la peur de ne pas essayer et ils considèrent leur parcours comme un marathon[63]. E. Musk en témoignait il y a quelques années : « Je ne m'attendais pas au succès de Tesla, j'étais certain que les premiers lancements de SpaceX n'orbiteraient pas, et encore moins que les lanceurs reviendraient pour être réutilisables, mais c'était trop important pour ne pas essayer » ;
- de l'autre côté, la posture des mercenaires les empêche d'errer, car ils sont animés par la soif de valoriser l'existant qui engendre la peur d'échouer. Si toutefois une innovation leur apparaît, ils voudront à tort l'accomplir comme un sprint (*cf.* note 24).

C'est ainsi que l'écrivain Mark Twain nous intime ceci : « Dans vingt ans, vous serez plus déçu par les choses que vous n'avez pas faites que par celles que vous avez faites. Alors, sortez des sentiers battus. Mettez les voiles. Explorez. Rêvez. » Pourtant, quand l'entreprise est arrivée au meilleur de la vitesse de sa courbe en S, son collectif devient malheureusement mercenaire, à vouloir développer encore plus la valorisation de l'entreprise. Sa posture sera défensive, fondée sur la concurrence et la croissance, alors que les disrupteurs qui inventent un nouveau S ont justement une posture initialement missionnaire : au départ, ils ne raisonnent pas en termes de concurrence ni de croissance, mais plus spécialement selon la question de se demander quelle est la valeur qui n'existe pas aujourd'hui et qui est trop importante pour nous à apporter demain pour ne pas essayer de l'apporter aujourd'hui. L'entreprise mercenaire assaillie voudra fatalement disrupter son existant pour réagir à leur disruption (*cf.* chapitre 1), elle aura l'illusion d'un B disruptif qui est un vrai A' défensif.

→ Facebook a racheté Instagram pour notamment contrer Snapchat. Il a lancé en 2018 l'application vidéo musicale Lasso, pour contrer le succès de TikTok, puis début 2020 l'application Hobbi (collection et partage d'images et de hobbys) pour contrer Pinterest. Il n'est pas sûr qu'en procédant de la sorte il invente de nouvelles créations de valeur. Par ailleurs, comme nous l'avons vu précédemment, quand bien même Facebook veut faire le B de Pinterest ou de TikTok, il les accomplira de manière non disruptive, pour finalement sortir un A'. Notons que Facebook a fermé Hobbi et Lasso en juillet 2020 et que TikTok l'a largement dépassé depuis.

La citation suivante de Sénèque tombe à point nommé : « Qui dépend des richesses [de la valeur de son entreprise] craint pour elles, or personne ne jouit d'un bien [de son entreprise] qui l'inquiète. Il s'applique à y ajouter quelque chose [additionner process, produits, services, débouchés, projets innovants, défis stratégiques, indicateurs clés]. Pendant qu'il pense à les accroître [raisonner, faire croître la valorisation en premier plutôt qu'apporter une nouvelle valeur pour croître], il a oublié de s'en servir. Il reçoit les comptes [compte d'exploitation de l'entreprise], use le pavé du forum, feuillette son échéancier [plan stratégique] : de maître [fabriquer le futur de l'entreprise], il devient gérant [un dirigeant gestionnaire sera fatalement mercenaire, car il agit au service des chiffres]. »

Elle souligne à quel point la posture mercenaire œuvre pour la croissance en premier, en additionnant sans cesse des choses avec des travers irréversibles :

- cela exacerbe la complexité dans l'entreprise, laquelle désengage les hommes et mine l'efficience économique de l'entreprise ;
- éviter de perdre de la valeur nous empêche de nous doter d'un B, comme en témoigne Marcus Aurelius (empereur philosophe) : « La perte n'est rien plus que le changement, et le changement est le délice de la nature. »

Cette citation nous alerte aussi sur la transmission de toute entreprise ayant de la valeur : cette dernière met forcément les successeurs dans une posture mercenaire. Prenons une belle entreprise, créée par des grands-parents fabuleusement missionnaires, partis de rien. Le jour où elle est transmise aux petits-enfants, ceux-ci devront forcément faire attention à cette richesse établie… ce qui les empêche d'avoir la posture missionnaire de leurs aïeuls.

→ Apple a atteint une telle valeur que le successeur de S. Jobs en devient fatalement mercenaire : rappelons-nous qu'Apple a fait ralentir l'iPhone de ses gentils clients… pour qu'ils aient envie d'en acheter un nouveau. Pourtant, S. Jobs disait : « Être l'homme le plus riche du cimetière ne m'importe pas. Aller au lit la nuit en se disant que nous avons fait quelque chose de merveilleux, c'est ce qui compte pour moi. »

→ J. Doerr, qui est un investisseur en start-up reconnu et admiré aux États-Unis, nous a livré sa recette au moment de prendre sa retraite : « À chaque fois que je voyais l'équipe qui portait un projet de start-up, je me suis attaché à reconnaître s'ils avaient une posture missionnaire ou mercenaire à travers leur projet. C'est ainsi que je n'ai jamais investi dans aucune équipe mercenaire, car les meilleurs entrepreneurs sont missionnaires et non pas mercenaires. Ils s'enrichissent beaucoup mieux que les mercenaires, car ce n'est pas leur cause… c'est la conséquence. »

La fin de sa citation se recoupe avec la culture japonaise, notamment à travers l'art martial du kyudo, inspiré du zen, du confucianisme, du taoïsme et du shintoïsme, sous forme d'intersection exercée (*cf.* chapitre 2) : il considère que, pour un missionnaire, ce qui compte, ce n'est pas d'atteindre la cible en premier, mais d'abord de progresser pour atteindre la cible. Cela s'inscrit avec les allégations des chapitres précédents, à savoir que l'innovation n'est pas un sprint mais un marathon.

En lisant ces propos, vous vous dites qu'il faut quand même gagner de l'argent, car c'est l'essence même de l'entreprise. Vous avez raison : il ne faut pas opposer missionnaire et mercenaire dans l'entreprise, car elle a besoin des deux postures (*cf.* tableau 6).

	Errance destructive et expérimentale	Exploitation optimisée
Posture	Missionnaire à long terme	Mercenaire de l'efficience à court terme

Tableau 6. Deux modèles conjoints dans l'entreprise (seconde partie)

Chaque skipper doit donc avoir la posture de chaque modèle. C'est ce qui permet aux hommes :

- d'atteindre la meilleure efficience de l'entreprise au quotidien et dans son court terme quand ils sont dans le modèle de gauche à un moment donné de leur parcours ;
- d'apporter une nouvelle valeur à long terme grâce au quotidien quand ils sont dans le modèle de droite à un autre moment de leur parcours.

Une étude[64] s'intéresse au fait que, dans les entreprises, nous trouvons d'un côté des donneurs, ce sont des gens qui donnent aux autres plus que ce qu'ils leur prennent, et de l'autre des preneurs, ce sont des gens qui prennent aux autres plus qu'ils ne leur donnent. L'étude montre que les entreprises d'un même secteur qui ont plus de donneurs en proportion sont plus innovantes et performantes que les autres : les donneurs sont les piliers qui tirent l'entreprise vers le haut. Cependant, il faut les protéger des preneurs qui vont les épuiser jusqu'au burn out. Cela nous amène à soulever deux formidables enjeux pour les dirigeants et les managers de votre entreprise ou start-up :

- soit ils sont donneurs avec une posture missionnaire, alors le nombre de donneurs va se multiplier, soit ils sont preneurs avec une posture mercenaire, alors le nombre de donneurs va fondre ;
- un manager qui sans cesse rajoute des choses à faire pour ses collaborateurs (*cf.* troisième dextérité) se comporte en preneur, alors qu'un manager qui enlève des choses à faire pour ses collaborateurs est un donneur. Dans le premier cas, nous aboutissons à une entreprise absolument pas libérée, dans le second cas, à une entreprise assurément légère.

L'étude nous met aussi sévèrement en garde contre les faux donneurs : ce sont des gens qui donnent pour prendre. On les distingue des vrais donneurs par le fait qu'ils disent tout le temps qu'ils donnent. En faisant le parallèle avec le proverbe « donner c'est donner, reprendre c'est voler », cela montre que dire qu'on donne n'est pas donner non plus. Cela interroge sur les nombreuses entreprises qui émettent sans cesse leur raison d'être. En procédant de la sorte, ces entreprises seraient-elles de fausses donneuses ?

→ Souvenons-nous de Tesla qui n'a pas de promesse de marque. Saviez-vous qu'Airbnb a envoyé un chèque de plusieurs milliers d'euros à chacun de ses meilleurs hôtes en mars 2020 pour s'excuser du vide de fréquentation causé par la Covid-19, alors que ces hôtes n'avaient rien demandé. Non? Tout simplement, car elle l'a fait sans chercher à communiquer dessus: c'était important pour elle de donner.

A contrario, sur cette même période, il semble qu'il y ait eu une surenchère de certaines entreprises à communiquer sur tout ce qu'elles donnaient.

Cette notion de donneur-preneur concerne bel et bien les fusions acquisitions: une étude[65] révèle que près de 70 à 90 % des fusions-acquisitions sont des échecs, car elles correspondent à acheter pour prendre. Celles qui réussissent sont celles qui achètent une entreprise pour lui apporter.

Comment (re)devenir missionnaire?

- Cultiver le moteur humain de l'entreprise: la performance économique d'une entreprise est tout simplement liée à la performance de son moteur humain originel, qui est la réponse intime à la question suivante: quelle est l'énergie qui nous anime à apporter quoi à travers l'entreprise, à en devenir infatigable tellement c'est important pour nous? Mozart nous témoigne de son moteur quand il dit que «composer [le] fatigue moins que de [se] reposer».

Il se cultive en premier lieu par des défis, des célébrations et des encouragements intimement liés à ce que représente notre «apporter quoi», lequel va bien au-delà des offres et du positionnement actuel de l'entreprise. Il se cultive en deuxième lieu en adressant des débouchés et des clients qui sont concernés et en phase avec notre «apporter quoi»: combien d'entreprises ont quitté leur moteur humain, à cause de leur volonté de faire de la croissance quelle qu'elle soit.

L'objet du moteur humain de l'entreprise (apporter quoi) sert de halo vers lequel l'errance dissidente collective s'aventure.

Quid de la raison d'être ? Le moteur humain peut faire penser à la raison d'être (ou mission, *core purpose*) de l'entreprise. Pour autant, combien d'entre elles incarnent une réelle énergie à apporter et sont employées afin d'être cultivées en interne et non pas clamées en externe (*cf.* les propos précédents, dire qu'on donne n'est pas donner) ?

- Prendre un profil missionnaire à long terme pour être le skipper du modèle de l'entreprise dédié à l'errance (le modèle de l'exploitation étant skippé par un mercenaire de l'efficience au quotidien). Plus les hommes de l'entreprise vont pratiquer les deux modèles dans leur parcours et plus ils vont rééquilibrer leur posture missionnaire/mercenaire.
- Diriger le cycle de vie de votre entreprise (*cf.* figure 20).

Diriger son cycle de vie et non pas le subir

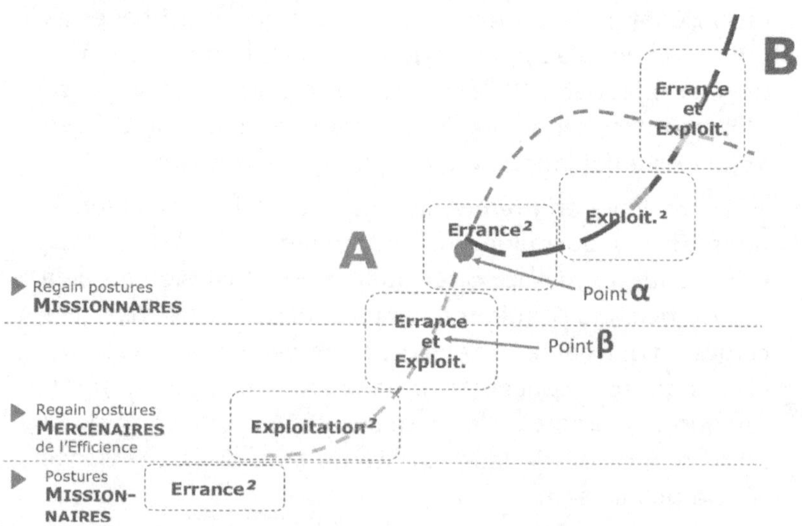

Figure 20. Équilibre entre errance/exploitation et missionnaires/mercenaires

La figure 20, qui reprend la nécessité de renégocier sa courbe en S au meilleur de sa vitesse (*cf.* chapitre 1), montre que l'équilibre errance/exploitation n'est pas le même selon l'endroit où l'entreprise est rendue dans sa courbe en S :

- une start-up commence à gauche de la courbe par de l'errance² sans faire d'exploitation. Une fois qu'elle a trouvé et éprouvé sa nouvelle création de valeur, elle doit oublier l'errance et se mettre brutalement en exploitation² pour atteindre l'irréprochabilité de masse (*cf.* chapitre 4) ;
- arrivée au milieu de la courbe en S (point α), il faut qu'elle recommence à se remettre en errance, car une fois au point β (quand l'entreprise sera rendue au meilleur de la vitesse du S), il faudra qu'elle se remette en errance² pour renégocier une deuxième courbe en S.

L'équilibre entre posture missionnaire ou mercenaire doit lui aussi changer au fil de la courbe en S. Rappelons que la croissance apportée par la phase exploitation² est grisante et peut même nous mener à faire de l'exploitation³ sur la courbe A à partir du point α. L'entreprise ne dirige plus alors son cycle de vie, elle se fait apporter de la croissance. Par conséquent, une fois arrivée au point β, l'entreprise tombe dans le syndrome de l'hubris : selon la mythologie grecque, ce syndrome survient quand nous sommes dominés par notre ego et se manifeste par de la démesure qui nous joue des vilains tours. Une étude[66] montre que nos succès passés alimentent notre ego dans l'entreprise, lequel devient attaché à ces succès et à la façon dont les choses du passé nous honorent. Lorsque tout est bouleversé et remet en cause nos succès passés, cela fait mal à notre ego. Par conséquent, nous nous accrochons encore plus au succès passé, ce qui tue notre capacité à sauter de la casserole. En caricaturant le trait, nous allons périr au moment de l'ébullition de la casserole en nous admirant dans le reflet de la casserole.

Pour diriger le cycle de vie de l'entreprise, il y a une phase critique (entre le point α et le point β de la courbe), où il faut inverser le rapport entre les deux modèles exploitation/errance et les deux postures mercenaire/missionnaire.

Comment détecter la phase critique (point α) de l'entreprise dans son cycle ?

L'entreprise doit avoir la pleine conscience à la fois de là où elle se situe par rapport au point α et du rapport actuel entre les deux modèles et les deux postures. Pour cela, elle doit se poser régulièrement des questions (*cf.* tableau 7).

Questions	Interprétation de votre réponse
Comment évolue la proportion de donneurs/preneurs dans l'entreprise ?	À partir du point α, elle baisse : la posture mercenaire devient dominante.
Comment évolue le curiosimètre collectif de l'entreprise ?	À partir du point α, il est nul : la posture mercenaire est dominante.
Comment évolue la proportion des choses rajoutées dans l'entreprise *versus* celle des choses enlevées ?	À partir du point α, elle enfle : rajouter des choses est typiquement mercenaire.
Comment évolue l'utilité des choses rajoutées en termes de valeur apportée à l'entreprise ?	Si elle devient négative, c'est que vous avez dépassé le point α.
À quelle vitesse l'offre différenciée de l'entreprise, ses avantages concurrentiels fondent-ils ?	Si elle devient négative, c'est que vous avez dépassé le point α.

Tableau 7. Questions et interprétations

L'équipe de direction doit se poser les questions suivantes :

- quel est le temps consacré à l'abeillitude *versus* celui consacré à la mouchitude ?
- quel est le nombre de mercenaires (de l'efficience au quotidien) *versus* celui de missionnaires (nouvelle valeur à apporter à long terme) ?
- quels sont les sujets de discussion consacrés à la concurrence, à trouver de nouvelles solutions pour croître, *versus* ceux consacrés à de nouveaux possibles, à des questions avec une quête d'ouverture ?
- en quoi notre collectif, et en particulier les dirigeants, s'écartent de notre moteur humain (notre énergie à « apporter quoi » dans l'entreprise).

Pour chacune de ces questions, si vos réponses portent de plus en plus sur la première option proposée, cela veut dire que vous vous rapprochez de la phase critique, voire que vous l'avez déjà dépassée. Une étude[67] allègue qu'il faut alors changer une bonne moitié de l'équipe de direction.

Vous vous dites peut-être que, lorsque l'entreprise est rendue au point α, elle ne peut pas jeter la proie pour l'ombre, et vous avez raison : jeter le A pour un B que l'on ne connaît pas encore serait une catastrophe économique et humaine (les hommes vont ressentir un homicide du A), voire un sacré gâchis, quand on considère le potentiel persistant du A. La réponse[68] montre que pour diriger son cycle au point α, il faut à la fois :

- créer et développer un B ;
- recentrer le A sur ses atouts distinctifs qui persistent et le réinventer à partir de ses atouts : nous allons l'appeler racine carrée de A ($\sqrt{A}$) ;
- faire le B suffisamment séparément du $\sqrt{A}$ (faute de quoi on fera du A') et suffisamment en synergie avec le $\sqrt{A}$ pour que chacun se renforce mutuellement.

Le √A permet de redynamiser le A et de dégager de la ressource pour créer et développer le B.

→ Lors de son retour chez Apple, S. Jobs a recentré l'offre de ses micro-ordinateurs qui était devenue pléthorique (pour rappel, il faut être fier de toutes les références supprimées).

Rappelons (*cf.* chapitre 2) qu'un vrai B doit paraître ridicule et nous mettre en inconfort le jour où l'entreprise l'annonce, faute de quoi c'est du A'. Dans ce sens, il est nécessaire de revenir au moteur humain de l'entreprise, pour ensuite errer dans le halo de cette énergie, jusqu'à ce qu'un rêve de nouvelle création de valeur s'affirme en nous : qu'est-ce que les enfants de 3 ans de l'entreprise que nous sommes rêvent qu'elle accomplisse pour les autres en 2030, s'ils avaient une baguette magique ? Notez que c'est bien notre moteur humain qui incarnera cette baguette magique, à condition de faire preuve d'engagement et d'agilité quant à la trajectoire adoptée et aux solutions proposées !

Il s'agit ensuite de s'assurer que ce rêve B à la fois :

- comporte un potentiel meilleur que le A à long terme ;
- corresponde à ce que notre handicap ne nous empêche pas de faire (*cf.* chapitre 2, citation de S. Hawking).

→ S. Jobs relate dans une conférence en 2013 que le B d'Apple à l'époque, c'était de faire un appareil de la taille d'un bloc-notes, léger, d'une bonne autonomie, avec lequel on puisse interagir grâce à son écran tactile et qui soit connecté, pour nous accompagner dans notre parcours quotidien. Le Newton avait échoué, notamment à cause des contraintes posées par une telle taille d'appareil. Apple a donc opté pour un appareil de toute petite taille, l'iPod, avec pour simple fonction d'écouter de la musique grâce à iTunes, censé fournir le contenu à la demande. S. Jobs explique qu'ensuite ils ont voulu revenir à la taille du bloc-notes, mais c'est lorsqu'un ingénieur est venu leur montrer un premier bricolage qui n'était que de la taille d'un téléphone qu'ils se sont rendu compte que l'absence de clavier additionnel était encore plus pertinente sur un téléphone en situation de mobilité que sur un bloc-notes, d'où la décision de créer l'iPhone. C'est ensuite qu'est arrivé l'iPad qui correspond au B initial.

Ce B illustre bien :

- l'approche stratégique de la deuxième dextérité : il s'agit en effet d'une stratégie adaptative à visée décennale, au service de la construction d'un rêve de nouvelle valeur sans jamais s'en écarter ; nouvelle valeur qui doit plus que jamais comporter trois dimensions : nouvelle valeur apportée au client, nouvelle valeur sociétale, nouvelle valeur économique pour l'entreprise ;
- la vertu d'oublier le A pour :
  - › aller au bout des potentialités du clavier-écran et du mariage idéal du matériel (iPod → iPhone → iPad) et du contenu (iTunes → App Store → iCloud) ;
  - › apporter la meilleure valeur possible en situation de mobilité ;
  - › ouvrir de nouvelles sources de revenus tirées du contenu (*cf.* les tensions toutes récentes avec Fortnite d'Epic Games qui a essayé de s'abstraire des 30 % prélevés par App Store) ;
- créer des synergies avec le √A, tant au niveau de l'usage (parfaitement croisé entre l'ordinateur et les autres appareils) que de la valeur de marque : le √A (iMac, MacBook) est devenu encore plus sublime.

Poser la question stratégique de l'entreprise

La citation précédemment évoquée d'A. Einstein tombe à pic pour toute entreprise qui se retrouve confrontée à des discontinuités majeures: « Si j'avais une heure pour résoudre un problème, qui doit se concevoir comme une opportunité à résoudre et non pas comme une contrainte négative, dont ma vie dépendait, je passerais les 55 premières minutes à chercher la meilleure question à me poser, et lorsque je l'aurais trouvée, il me suffirait de 5 minutes pour y répondre. »

L'entreprise est tentée de réagir au plus vite en voulant innover et/ou en se dotant d'une nouvelle stratégie disruptive au plus tôt. Or, tant qu'elle n'a pas posé la meilleure question à laquelle elle devra répondre demain, elle travaille à l'envers.

Poser la meilleure question prend alors toute sa dimension (*cf.* chapitre 2): cela sous-entend de prendre le temps (92 % des 60 minutes) d'errer au-delà de la manifestation du problème, qui doit se concevoir comme une opportunité à résoudre et non pas comme une contrainte négative, et d'observer avec une curiosité rigoureuse à la fois ce qui pose le problème et ses potentialités de réponses.

À défaut, nous risquons de répondre à des symptômes sans traiter la cause ou de fantasmer sur les moindres opportunités trouvées qui vont nous assujettir de manière inconsciente en ne faisant que de la tactique, comme nous en alerte X. Tartakover, un des maîtres d'échecs du siècle passé: « La tactique consiste à savoir ce qu'il faut faire quand il y a quelque chose à faire. La stratégie consiste à savoir ce qu'il faut faire quand il n'y a rien à faire. »

À cet égard, force est de constater que le terme de « stratégie » est sans cesse employé, pour en réalité signifier de la tactique:

– le court-termisme de nos entreprises est de plus en plus soulevé comme leur principale problématique. Notons que l'attention des investisseurs devient plus insistante sur la performance à long terme des entreprises[69], notamment avec le classement LIVA (*long term investors value appropriation*) ;

– ne serait-ce que dans les médias, nous constatons qu'avec la Covid 19 nous en sommes déjà à la énième stratégie, laquelle sera encore remplacée par une autre. Chacune de ces stratégies servait à réagir à une situation problématique, il n'est pas sûr que nous ayons pris 92 % des premiers temps d'urgence à poser la question à résoudre.

Plus les discontinuités sont nombreuses
et plus les entreprises annoncent des stratégies
qui ne sont que des réactions tactiques.

Tant qu'elles n'auront pas posé la question à résoudre
à long terme, elles ne feront que de la tactique et de l'agilité.

La question doit être formulée de manière à ouvrir toute forme d'opportunité(s) de réponse et non pas sous forme de constat ou d'impasse. L'observation montre que la compréhension et l'acceptation de la question stratégique de l'entreprise par ses collaborateurs deviennent le sens et le point de départ de leur engagement futur dont découlera le B.

Cette question est en rapport avec tout ou partie de ces trois sous-questions :

– en quoi les discontinuités de notre environnement peuvent-elles nous mettre en situation brutale, si nous nous contentons de faire évoluer notre existant de manière continuelle (*cf.* chapitre 1, syndrome de la grenouille) ?

– en quoi ce que nous sommes, ce que nous faisons et ce vers quoi nous allons peut nous éloigner de notre moteur humain ?

– qu'est-ce qui a toujours bloqué ou limité notre développement ?

Nourrir ces sous-questions nous oblige à nous mettre en errance : plus les discontinuités sont brutales et plus il est nécessaire de prendre ce temps qui peut utilement prendre plus d'une année (*cf.* les 92 % du temps de la période probatoire du changement de la courbe en S).

Au même titre, une fois que la question est posée, celle-ci sert de halo vers lequel vous devrez errer collectivement en dehors de la carafe, avant même de définir votre nouveau B : c'est chemin faisant qu'apparaîtront des innovations qui peuvent l'alimenter. C'est à cette question posée à long terme que votre B devra répondre et sera évalué en tant que tel et sans détour.

Dans un monde en discontinuité du passé, nous devons plus que jamais conjuguer la construction dans la durée (stratégie) avec l'agilité dans le parcours (tactique).

Conclusion

Comment rendre l'entreprise performante en errance, sans impacter sa nécessaire efficience au quotidien ?

1. Consacrer un modèle d'entreprise dédié à une première dextérité (celle de l'exploitation appuyée par une posture mercenaire au service de l'efficience au quotidien) et un autre modèle dédié à une deuxième dextérité (celle de l'errance appuyée par une posture missionnaire). Accomplir ces deux modèles suffisamment à la fois séparément et en synergie, avec un skipper différent dans chaque. Ensuite, chaque personne pratique chacun des deux modèles de manière disjonctive (et non pas en multitâche).

2. Cultiver une troisième dextérité : l'élagage permanent que seule l'esSENSialisation rend possible (savoir dire non

à mille choses). Elle s'accomplit au service de deux essentiels conjoints :

- quel est notre moteur humain ? Le manager qui aide ses hommes à enlever des choses est un vrai donneur missionnaire ;
- quelle est la question stratégique à laquelle notre accomplissement futur devra répondre ?

3. Si la croissance de l'entreprise vient de plus en plus à elle, le signal est donné pour qu'elle inverse au plus tôt la posture d'exploitation et de mercenaire de l'efficience à court terme vers une posture d'errance et de missionnaire à long terme : rien de tel que d'errer dans le halo de l'énergie qui nous anime à « apporter quoi » à travers l'entreprise (moteur humain). C'est alors que nous nous aventurerons à nous doter d'un nouveau B pour diriger notre cycle de vie, et non pas le subir.

4. D'un côté, chercher des innovations et un nouveau B sans avoir posé la question stratégique, c'est non seulement travailler à l'envers (*cf.* chapitres 1 et 2), mais aussi se perdre dans les affres de la tactique[2] (fausse stratégie) : à la longue, les hommes se retrouvent perdus, car ils ont l'impression d'avoir été dans tous les sens, et cela empêche toute errance de leur part.

De l'autre, poser la question stratégique nécessite de se mettre en errance. Une fois que la question est bien posée, cela ouvre le halo des errances à faire et forge l'engagement des hommes. C'est chemin faisant qu'ils trouveront le B et les innovations censées y répondre au mieux.

C'est bien cette dernière option qui permettra à l'entreprise de porter un nouveau rêve de création de valeur B (qui doit être ridicule a priori, mais qui est trop important pour ne pas essayer et le rendre évident a posteriori). Pour réaliser la nouvelle courbe en S de ce B, les hommes devront pratiquer deux choses suffisamment séparées et en synergie :

- conjuguer la construction du B dans la durée avec l'agilité tactique pendant le parcours;
- recentrer son A historique sur ses atouts distinctifs et le réinventer à partir de ces atouts (√A).

Le chapitre 4 est consacré à la troisième dextérité (point 2): il vous donne des éclairages sur la vertu du *less is more* et des approches concrètes associées.

Le chapitre 5, quant à lui, sera consacré à nourrir le point 4: comment enfanter une nouvelle courbe en S, que ce soit pour une start-up ou une entreprise.

CHAPITRE 4

COMMENT ÉLAGUER ET ESSENSIALISER

L'agilité, une résultante de la légèreté en complexité

La troisième dextérité consiste à se départir de l'addition incessante de choses, qui engendrerait de la complexité, vide d'utilité dans votre entreprise ou start-up. Précisons la différence entre complication et complexité :

- complication veut dire qu'une variable s'est aggravée (par exemple, une complication médicale) ;
- complexité veut dire que le nombre de variables a augmenté et que les variables sont de plus en plus enchevêtrées entre elles (par exemple, des polypathologies dans le monde médical).

L'image d'un paquet de nouilles illustre à merveille le mot complexité : dès que vous voulez modifier ou déplacer une nouille, il y a tellement de nouilles enchevêtrées, que cela devient presque impossible. On peut en conclure que plus la complexité de votre entreprise est lourde (nombre important de nouilles enchevêtrées) et moins vous serez agile. Curieusement, ce sont pourtant les entreprises qui ont justement trop de nouilles qui veulent le plus adopter les méthodes agiles. Serait-ce pour pouvoir rajouter encore plus de nouilles ? En procédant de la sorte, ces entreprises traitent les symptômes, mais ne traitent pas la cause. Elles feraient mieux de s'alléger des nouilles qui nuisent à l'ensemble.

Une entreprise allégée de sa complexité inutile redevient brutalement agile.
Plus les mutations surgiront de manière brutale et plus l'entreprise devra s'alléger le plus possible pour devenir agile.

Deux approches s'offrent à votre entreprise ou start-up pour alléger sa complexité :

- la première consiste à éviter d'en rajouter sans cesse, elle est préventive (savoir dire non à mille nouilles, *cf.* S. Jobs) ;
- la seconde consiste à fixer des rituels pour enlever des choses permettant de vous en alléger d'autant.

Rappelons, à ce titre, une citation d'Antoine de Saint-Exupéry : « Il semble que la perfection soit atteinte non quand il n'y a plus rien à rajouter, mais quand il n'y a plus rien à retrancher. » Cela doit nous alerter sur la posture du manager missionnaire/mercenaire (*cf.* chapitre 3) :

- rajouter des choses à faire par les collaborateurs, c'est leur « prendre » : posture mercenaire du manager ;
- aider les collaborateurs à éviter de rajouter certaines choses et à en enlever d'autres, c'est leur « donner » : posture missionnaire.

La première posture correspond malheureusement au manager qui crée involontairement ou inconsciemment de la complexité. Pire encore, si les managers de votre entreprise se comportent en preneurs, alors l'ensemble du collectif se comportera de même, rendant l'entreprise encore plus mercenaire jusqu'à un point de non-retour à l'innovation. Une étude[70] montre que ce point de non-retour surgit dans votre entreprise le jour où le rapport entre deux forces s'inverse :

- l'avantage de rang : quand les employés ont plus à gagner à monter dans la hiérarchie ;

– l'enjeu de résultat : quand les employés ont plus à gagner à travers la production collective.

Dès que la première force a pris le dessus sur la seconde, alors votre entreprise perd le point d'équilibre et elle n'innovera plus jamais, les hommes ne porteront plus d'idées radicales, mais les rejetteront. Cela concerne éminemment toute start-up située en phase d'accélération, car plus la croissance est importante et plus les opportunités pour monter en hiérarchie se multiplient.

Notons que la première force n'est pas une force obscure, car elle est tout à fait visible et mesurable, ce qui est une très bonne nouvelle. La meilleure opportunité qui s'offre à votre entreprise, c'est de favoriser la posture de manager donneur, qui aide à ne faire que l'essentiel, laquelle renforce la deuxième force.

Plus l'équilibre sera en faveur de la posture de manager qui aide à enlever des choses et plus votre entreprise sera performante en légèreté (troisième dextérité).

Pourquoi la clé de la troisième dextérité est l'architecture du *less is more*

Parcours pédagogique

Différentes études[71] anglo-saxonnes révèlent que toute entreprise ou start-up doit se doter d'une *theory* pour bénéficier d'un développement continuel agile dans la durée. Afin de traduire au mieux son sens, nous allons l'appeler l'architecture des clés du *less is more* de l'entreprise. Je vous propose un parcours en quatre étapes pour vous transmettre au mieux ce qu'elle représente, et en quoi elle est encore plus fondamentale que la stratégie ou le *business model*.

> *Première étape*

Un intervenant prend un seau en le remplissant de gros cailloux, puis demande à l'audience qui l'écoute si le seau est plein : elle répond oui. Il démontre ensuite que c'est une illusion, puisqu'il parvient à y rajouter du gravier à ras bord, puis du sable et enfin de l'eau, jusqu'à ce que le seau soit effectivement plein. Il demande alors à l'audience quelles sont les leçons de cette expérience quant à la gestion du temps : elle répond que, même quand le seau paraît plein, on peut toujours en rajouter. Il explique alors que, si on n'avait pas rempli le seau avec les gros cailloux en premier, alors on n'aurait jamais pu mettre le reste.

Les gros cailloux correspondent aux seules clés de succès intimes de l'entreprise sur lesquelles le collectif œuvre en premier pour permettre à l'entreprise de se développer. L'entreprise n'a donc pas besoin de gaver le seau avec du gravier, du sable et de l'eau. Ce serait bien d'empêcher la tentation qu'auraient les managers de rajouter du sable, ce qui non seulement amplifie la complexité, mais aussi dilue inexorablement les clés :

- le statut des clés (gros cailloux) est contaminé par la masse des choses à faire qu'on additionne dans l'entreprise (les grains de sable) ;
- les grains de sable font de l'extorsion de ressources et d'énergie… au détriment des clés de succès.

> *Deuxième étape*

L'adage *less is more* signifie « obtenir plus en faisant moins de choses en nombre, mais plus assidûment ». Les clés de succès intimes représentent ce moins de choses qu'il suffit de faire au mieux pour obtenir plus. Ce propos concerne largement les entrepreneurs comme en témoigne J. Doerr, investisseur en start-up reconnu aux États-Unis : « Un vrai entrepreneur est quelqu'un qui accomplit plus que quiconque ne le pense possible, avec moins que quiconque ne le pense possible. »

> *Troisième étape*

Un entrepreneur me témoignait que, lors de ses études de design, il avait fait un voyage d'études avec les élèves de sa promotion chez Dyson. À leur arrivée, J. Dyson leur demande de plancher sur une problématique. Or, à la surprise générale des élèves, il n'y a pas de conception assistée par ordinateur, qu'ils ont appris à employer pour faire du design. J. Dyson leur révèle alors l'explication suivante : « Quand vous travaillez avec votre souris d'ordinateur, celle-ci vous amène à vous lancer dans une frénésie de détails, alors que vous n'avez même pas réfléchi à l'architecture d'ensemble. C'est la raison pour laquelle nous avons décidé chez nous de supprimer la conception assistée par ordinateur, tant que nous n'avons pas planché sur l'architecture d'ensemble de la solution au problème. »

Je vous propose la définition suivante de l'architecture : c'est un système qui relie au mieux des éléments clés, à partir duquel on peut rajouter des détails, du moment que ces détails sont compatibles avec la cohérence du système. Notons que l'origine de *less is more* nous vient justement d'un éminent architecte, L. Mies van der Rohe.

D'un côté, F. Nietzsche nous dit que le diable gît dans les détails : cela veut dire que plus on a de détails et plus les probabilités sont fortes qu'ils ne fonctionnent pas entre eux et que l'un d'entre eux entraîne le reste dans l'abîme, ce qui est encore plus périlleux dans une économie d'irréprochabilité de masse (*cf.* chapitre 3, le diable se situe dans les clients à reproche).

De l'autre côté, L. Mies, notre architecte auteur du *less is more*, nous dit que Dieu est dans les détails : cela veut dire que, si nous avons une véritable architecture avec *less* choses, alors elles fonctionnent parfaitement[72] ensemble et nous pouvons choyer chaque détail comme il le mérite et atteindre le zéro reproche client.

C'est donc bien grâce à *less* choses que l'on peut mettre Dieu dans les détails et être encore plus agile. Une étude[73] montre, à ce titre, que les organisations les plus résilientes sont celles qui savent se restreindre à un cœur de processus robustes et épurés, consacrés au périmètre du prévisible. Ainsi, dans des contextes moins prévisibles, elles emploient quelques règles empiriques pour la prise de décision et beaucoup d'improvisation. Souvent, une entreprise qui est sujette à une complexité réglementaire endémique pense que celle-ci l'empêche de développer cette troisième dextérité. Une bonne réponse serait justement qu'elle prenne le temps de poser tous les détails de cette complexité pour ensuite constituer l'architecture qui va au mieux honorer ces détails dans leur ensemble. Cela deviendrait une source d'avantage concurrentiel en agilité face à la réglementation !

L'efficience de toute entreprise s'appuie sur cette architecture censée intégrer au mieux le minimum de clés de succès entre elles. À défaut d'une architecture qui structure le sens des choses à faire et assure leur cohérence, on se perd dans les détails, ce qui nous empêche de définir les gros cailloux.

→ Ne serait-ce pas :

- d'un côté, le diable avéré à l'égard de certains développements informatiques récents : l'avion de chasse américain F35 qui a déjà coûté 428 milliards de dollars est incapable de viser… à cause d'incompatibilité entre toutes les couches logicielles ; le Boeing 737 max qui a malheureusement provoqué deux crashs successifs… à cause de problèmes logiciels ?
- et, de l'autre, c'est bien l'architecture numérique de Tesla qui est fondamentalement en avance par rapport à ses concurrents et qui lui permet sans cesse d'intégrer de nouvelles fonctionnalités numériques avec une agilité presque insolente.

À force de rajouter des couloirs et des cloisons dans un immeuble, celui-ci finit par nous étriquer en en perdant le sens : ne faudrait-il pas revenir aux murs porteurs ? Y aurait-il une tendance sociétale à aimer rentrer directement dans les détails jusqu'à en occulter la nécessaire architecture ?

P. Romer était responsable de la recherche à la Banque mondiale quand il s'est rendu compte que les rapports de recherche contenaient trop de « et en même temps » dans leur conclusion, ce qui conduisait fatalement à une conclusion nulle. Il a donc demandé à ses équipes d'y remédier… et n'a pas pu faire autrement que de démissionner de son poste en janvier 2018. Il est depuis devenu Prix Nobel en économie et fervent défenseur de l'anti « en même temps » qui est très sociétal aujourd'hui. Il soutient que « la croissance provient d'une meilleure recette, pas simplement de plus de cuisine ». L'architecture des clés pourrait presque s'appeler aussi « recette gagnante de l'entreprise », recette pour laquelle le chef étoilé Alain Ducasse nous interpelle à juste titre : « Enlever tout ce qui est inutile. »

En lisant le « et en même temps », vous vous dites peut-être que je deviens incohérent, puisque je soutiens l'ambidextérité, par laquelle deux modèles cohabitent dans l'entreprise (*cf.* chapitre 2). C'est justement pour cette raison que l'ambidextérité ne marche pas sans la troisième dextérité qui, justement, vise à empêcher les additions de « et en même temps » et à les élaguer, d'où la vertu d'une architecture au service de la troisième dextérité.

→ Afin d'illustrer ce qu'est l'architecture, imaginons que nous voulions faire un nouveau bateau :

- la clé et point de départ de l'ensemble se situe dans la conception du squelette (premier *less*) : le système du minimum de grosses poutres (cailloux) censées être reliées au mieux entre elles. Notons que c'est ce que font les auteurs les plus célèbres d'œuvres de maîtres, comme l'a révélé le MIT[74] tout récemment ;

- c'est ce qui permet ensuite d'appliquer la complexité minimale (deuxième *less*) au service de cette architecture : les planches qui suffisent pour habiller la coque et le pont (correspondant au minimum de sable et de graviers au service de l'architecture).

L'architecture est le premier *less*, dont dépend le second. Ce sont ces deux *less* qui :

- permettent d'obtenir le *more* : un bateau à la fois plus léger et rapide, plus résistant et résilient structurellement, plus sobre en quantité de matériaux employés ;
- rendent le *more* extrêmement agile : volume intérieur important, n'importe quelle partie de l'habillage peut être remplacée quand on veut, et le plus simplement du monde (la Tesla 3 peut remplacer les fonctions numériques actuelles et les faire évoluer).

> *Quatrième étape*

F. Nietzsche, précurseur de la destruction créatrice, soutient que « tout le monde croit que le fruit est l'essentiel de l'arbre quand, en réalité, c'est la graine ». Cela doit alerter nos entreprises sur le fait que nous sommes trop obnubilés par ce qu'il faut obtenir (les fruits), à en oublier ce qu'il faut faire pour l'obtenir (s'occuper des graines, soit revenir aux clés de succès intimes), comme en attestent les propos de P. Drucker, théoricien majeur en stratégie et innovation aux États-Unis : « Il est plus facile de faire de la soupe de poisson avec du poisson que du poisson à partir de la soupe de poisson. »

Trop souvent, les gens cherchent les gros cailloux en tant qu'effets attendus (soupe de poisson), alors qu'il s'agit d'identifier les seules graines qui en sont la cause ou, dit autrement, les clés ou les principes fondamentaux dont découlent les effets.

H. Emerson, expert en efficience managériale aux États-Unis, soutient ceci : « L'homme qui saisit les principes peut choisir avec succès ses propres méthodes. L'homme qui essaie des méthodes, ignorant les principes, est sûr d'avoir des problèmes.» Ce sont bien les principes clés qui engendrent l'agilité, alors que les méthodes (process internes) empêchent d'être agile. C'est aussi la raison pour laquelle Emerson s'était vivement opposé à la taylorisation qui plaçait les hommes au bout des méthodes : par essence, cela tue le sens de chacun de ces hommes dans l'entreprise. Ne serait-il pas préférable de permettre à vos hommes d'avoir la pleine conscience des principes clés de leur entreprise ?

→ C'est-ce qu'E. Musk pratique de manière quasi obsessionnelle : lorsqu'il est allé avec des collègues en Russie pour acheter des lancements de satellites, cette demande fut refusée par les Russes. Pendant tout le voyage du retour, E. Musk a griffonné dans l'avion. Quand ses collègues lui ont demandé ce qu'il faisait, il leur a répondu : « J'opère sur l'approche physique de l'analyse par les premiers principes, où vous résumez les choses aux vérités les plus fondamentales dans un domaine particulier... puis vous raisonnez à partir de là... cela prend beaucoup plus d'énergie mentale ». Selon lui, « il est important de considérer les connaissances comme une sorte d'arbre sémantique. Assurez-vous de comprendre les principes fondamentaux, c'est-à-dire le tronc et les grosses branches, avant d'entrer dans les feuilles [les détails] où il n'y a rien sur lequel on puisse s'accrocher ». Notons que ces propos expliquent aussi le succès de la Tesla qui est absolument innovante grâce à son architecture numérique.

Plus que jamais vos hommes ont besoin de comprendre le comment et le pourquoi de l'entreprise à travers son architecture des graines clés (clés de succès) intimes de l'entreprise, plutôt que ce qu'il leur est demandé à l'instant présent. Deux forces conjointes vont à l'encontre de ce besoin criant :

– la complexification de votre environnement, qui vous amène à spécialiser encore plus les personnes sur des tâches et

des méthodes (taylorisation), les éloignant de la sorte des principes clés ;
- l'automatisation des méthodes et des opérations par l'informatique qui rend totalement opaque la visibilité de l'architecture des graines. Par voie de conséquence, ce sont les process qui envahissent les hommes, y compris les décideurs, les éloignant d'autant plus de l'architecture initiale.

Pour répliquer à la première force, il est impératif pour votre entreprise de passer du *much more* (rajouter encore plus de choses), au *much less* (en faire beaucoup moins mais beaucoup mieux et avec la meilleure congruence) :
- en prenant le temps de définir votre architecture ;
- en assortissant l'organisation des process minimaux au service de cette architecture.

Pour répliquer à la deuxième force, il s'agit de commencer à définir une architecture informatique à partir de l'architecture des clés de succès (a), puis d'informatiser le meilleur minimum utile (b). Cela permet de changer régulièrement ce minimum utile de manière agile. Il n'est pas sûr que les progiciels prodigués auprès des entreprises épousent le (a) et le (b), à défaut de quoi, ce sont des usines à complexité qui font perdre le sens humain dans l'entreprise.

→ Par le passé, Microsoft a rajouté des boutons à la souris qui avait été inventée par Apple. S. Jobs témoignait il y a quelques années que, chez Apple, ils avaient mis deux ans à décider de ne pas rajouter de boutons à la souris et que l'histoire ne faisait que les en féliciter, car cela les a obligés à aller beaucoup plus loin dans une interface homme-machine la plus épurée et cohérente possible.

Notons qu'à l'avenir l'architecture informatique sera de moins en moins logicielle (progiciel), mais de plus en plus une architecture de données cousues entre elles, à partir de laquelle on pourra greffer les logiciels et les enlever en toute agilité, devenant ainsi une source d'avantage concurrentiel pour les entreprises face à leurs concurrentes dotées de progiciels.

L'absence de sens qui est de plus en plus soulevée dans les entreprises, en général, serait-elle due à l'excès de choses qui ne sont que des détails sans architecture, y compris au niveau informatique ?

Nous n'avons jamais autant parlé de l'absence de sens, alors que les entreprises n'ont jamais autant clamé leur raison d'être ou mission. Certains se demandent même si ce n'est pas un phénomène de mode qui en fait… engendrerait cette absence de sens.

Les entreprises se sont éprises de l'expression de leur mission ou raison d'être pour forger leur sens. Elles auront beau clamer leur raison d'être ou leur mission, si leur fonctionnement opérationnel ressemble à un paquet de nouilles incompréhensible pour leurs hommes, alors ces derniers seront d'autant plus en perte de sens.

Substituer leur appréhension du paquet de nouilles par leur pleine conscience de l'architecture qui porte leur entreprise comblera l'absence de sens, à condition d'élaguer en conséquence la masse des nouilles inutiles, voire toxiques.

Ne serait-ce qu'en considérant les indicateurs de pilotage, une étude[75] montre que les entreprises croulent sous une masse d'indicateurs qui ne mesurent que les effets obtenus (les fruits) et qui embrouillent les collaborateurs, en leur donnant le vertige plutôt que le sens.

Vous feriez mieux de vous concentrer sur les seuls indicateurs causaux de l'entreprise : ceux qui permettent à vos hommes de piloter chacune des clés de votre architecture (les graines) pour mieux aboutir aux effets et d'y trouver un sens.

En enlevant cette masse de nouilles (notamment la masse d'indicateurs d'effet), vous allez énormément donner à vos hommes, ce qui va en retour multiplier les postures de donneurs de leur part.

Il n'y a rien de plus concret et physique qu'une architecture pour celui qui veut trouver le sens, ou qui veut créer du sens.

Définition

Nous sommes en train de clore le parcours qui nous amène naturellement à la définition ultime de l'architecture des clés de succès intimes de l'entreprise : c'est l'architecture des grosses choses qu'il faut faire au mieux dans l'entreprise pour obtenir les trois effets suivants :

- l'entreprise apporte à ses clients une valeur décisive ;
- l'entreprise bénéficie d'un développement vertueux (de ses offres, de ses clients et de ses compétences) ;
- l'entreprise bénéficie d'un moteur de profits ;

et qui constituent le fondement de son positionnement stratégique.

Nous pourrions aussi l'appeler architecture de construction du développement de l'entreprise.

Concernant le premier effet, la notion de valeur apportée devra de plus en plus comporter deux dimensions synergiques : la valeur apportée aux clients et la valeur sociétale apportée. Nos entreprises devront donc revoir l'architecture des clés futures permettant de fabriquer cette valeur bicéphale.

Cahier des charges

Voici des questions clés à vous poser.

> *Concernant chaque clé*

1. Exprime-t-elle des choses concrètes et incisives par rapport à la concurrence ? Ou plutôt :

- des poncifs de consultants, voire une synthèse qui édulcore tout (trop de tout) ?
- des généralités propres à notre secteur, à nos concurrents ?
- l'expression inconsciente de ce qu'on aimerait être ou avoir comme clés ?

Si votre réponse correspond à l'une de ces trois options, alerte générale, vos hommes risquent de perdre le sens dans l'entreprise. Pour y remédier, il serait intéressant de repérer toutes les généralités qui figurent dans votre contenu, puis de requestionner chacune d'elles pour la rendre plus incisive : qu'entendons-nous par telle généralité ?

2. S'agit-il bien d'éléments causaux (racines de l'arbre) qui font que l'entreprise délivre les trois effets attendus ou plutôt directement d'effets (fruits de l'arbre) ?

Il est recommandé de questionner le pourquoi de chaque clé (qu'est-ce que qui fait que cette clé…), pour déceler un deuxième pourquoi dont dépend le premier, et ainsi de suite.

3. Si on enlève cette clé, est-ce que l'ensemble s'effondre ?

Si la réponse est « oui », c'est une vraie clé, si c'est « non », c'est un détail (sable) qui peut être enlevé, non pas de l'entreprise (ou de son *business model*), mais de l'expression de l'architecture (ce détail n'est pas une clé mais est un détail d'une clé).

4. Cette clé se prête-t-elle à la mise en œuvre d'indicateurs dédiés à la piloter (indicateurs causaux évoqués précédemment) ?

Si ce n'est pas vraiment le cas, cela veut dire que vos clés sont plus des poncifs que des clés opérationnelles : il est recommandé de revenir travailler sur la première question du cahier des charges.

> *Concernant l'ensemble des clés*

5. Les clés sont-elles congruentes entre elles (*cf.* architecture du bateau) ?

a. Chacune des clés soutient-elle les autres et réciproquement ?

b. Chacune agit-elle comme conséquence des autres et réciproquement ?

c. Sont-elles assorties les unes aux autres ?

Il est recommandé de visualiser sous forme de flèches explicatives les interdépendances (a et b) entre les clés. Si, au final, une clé s'avère comme ayant peu d'interdépendance avec les autres, deux cas de figure existent : soit elle peut être enlevée (revenir à question 3), soit il s'agit de l'enrichir pour qu'elle ait des interdépendances avec les autres, voire d'enrichir les autres, voire encore de rajouter une clé manquante qui provoquerait une richesse de nouvelles interdépendances avec les autres.

6. L'ensemble de ces clés fabrique-t-il les trois effets escomptés :

- valeur décisive ?
- moteur de profits ?
- moteur de développement-croissance ?

Mes expériences en entreprise montrent qu'il peut arriver que votre architecture ne soit pas en complétude. Par exemple, certes vous apportez de la valeur, mais les profits que vous en tirez sont poussifs : il vous faudra innover par une capture de valeur plus légitime par rapport à la valeur que vous avez fait gagner au client. De la même façon, nombreuses sont les start-up qui, malgré la nouvelle valeur qu'elles apportaient, n'ont pas eu la croissance qu'elles méritaient, car celle-ci se faisait de manière subite sans véritable moteur de croissance sous-jacent, si ce n'est la vague sur laquelle elles surfaient.

J'ai choisi d'illustrer ces propos avec Zara, car son architecture (constituée de quatre clés concrètes) est instructive, d'une part, car elle a duré quarante-cinq ans en apportant un développement continuel (y compris pendant la crise de 2008) et, d'autre part, car elle est devenue obsolète par rapport aux discontinuités futures (*cf.* chapitre 1, danger du statu quo). Si cette illustration peut vous paraître totalement éloignée de votre entreprise, c'est tout à fait normal, rassurez-vous ! Aucune illustration ne ressemblera au contexte très particulier de votre entreprise. Cette illustration vous est donnée uniquement à titre pédagogique pour vous permettre de vous projeter sur ces questions de manière intime pour votre entreprise.

Il ne tient qu'à votre entreprise de se pencher sur son architecture, pour tirer des bénéfices à partir des enseignements ci-dessous. J'ai pu l'expérimenter de manière concrète auprès d'équipes d'entreprises de tous genres et de tous secteurs (y compris des secteurs à forte connotation sociétale) et vérifier à quel point il peut concerner votre entreprise quelle qu'elle soit.

→ La première clé de Zara consiste à proposer un assortiment d'articles de mode de « la tendance de la dernière minute » et en disponibilité limitée, présentés dans des environnements attrayants.

a. Des articles de mode tendance en disponibilité limitée. Voici ce qui se passe au niveau du client-mode : « J'ai envie d'aller dans une boutique Zara, pour voir, par simple curiosité, quelles sont les nouvelles modes du moment et pour vivre un moment agréable dans un lieu attrayant. Une fois arrivé dans le magasin, si un produit me plaît, je vais l'acheter par peur qu'il ne soit plus disponible demain. »

Il en résulte une sensation d'exclusivité, et une forte fréquence de fréquentation des magasins : une enquête[76] réalisée par NPD Group révèle que la moyenne des acheteurs visite un magasin Zara 17 fois par an, soit une fréquentation quatre fois plus élevée que celle des clients fidèles à d'autres marques d'habillement en général qui est de 4,1 fois par an.

b. Un environnement attrayant :

- un magasin situé dans un emplacement idéal dans des grandes agglomérations branchées mode : le rêve de Zara, c'est d'être à côté de Prada... Serait-ce le cauchemar de Prada ?
- le style et l'habillage des magasins et de ses occupants salariés.

Il en résulte un volume de clients potentiels important par magasin et la sensation d'exclusivité des clients.

Le (a) et le (b) « fabriquent » un volume important de fréquentation et d'achats par magasin grâce au triptyque nombre important de clients/fréquence de visites en magasin par client élevée/fort taux de transformation par visite, à condition qu'il y ait la deuxième clé congruente qui suit.

• La deuxième clé consiste à proposer l'assortiment de la première clé en adressant tous les segments de clients, en leur proposant un prix compétitif, avec une gamme très réduite par segment client, et en employant des matériaux qui soient à la fois attrayants et peu dispendieux.

Adresser l'ensemble des segments avec un prix compétitif permet d'amplifier la première clé en augmentant le flux qui vient vers le magasin et le taux de transformation en magasin.

Avoir une gamme réduite et des matériaux attrayants pas chers permet de réduire les coûts de Zara sans perdre en valeur pour la cliente :

- comme Zara adresse tous les segments, le magasin dans son ensemble donne une sensation de choix, même si le choix par segment est réduit ;
- les gains en coûts matériaux peuvent être retranscrits en prix plus accessibles pour le client et, comme celui-ci achète tout le temps (grâce aux deux premières clés), les produits n'ont pas besoin d'être durables, puisqu'il n'utilise pas ses vêtements achetés dans la durée. Comme nous le verrons par la suite, cet aspect rend l'architecture de Zara caduque face aux inévitables enjeux de développement durable, car elle pousse à la consommation outrageuse au mépris du reste.

• La troisième clé consiste à développer une chaîne locale et ultracourte intégrant le design des produits, la fourniture en matières premières, la production des produits, leur logistique, la vente en magasin et en ligne, et à expérimenter de petits assortiments sur une courte durée pour s'adapter à ce que les clients veulent dans chaque magasin.

La chaîne locale intégrée et ultracourte permet de renouveler les gammes à très haute fréquence (première clé), avec un coût et un temps de cycle optimisés. Elle prend en charge 65 % des flux à produire. Remarquons que, même si les sites de vente de vêtements en ligne (Amazon, Asos, Shopify) peuvent changer facilement leur gamme sur leur site Internet, il n'empêche que leur chaîne amont n'est pas intégrée et se situe en Asie. Elle les empêche de suivre la cadence de renouvellement de Zara qui tient dans cette troisième clé, un avantage concurrentiel par rapport à eux.

Envoyer de petits assortiments sur une infime portion de la durée d'une nouvelle collection permet d'apprendre au plus tôt sur le sort des ventes de la nouvelle collection, pour aviser de justes quantités à produire en amont et à envoyer aux magasins sur le reste de la durée de collection. Cela contribue à optimiser la première clé (gamme la plus attrayante possible par segment client) et à réduire le risque d'invendus. Le taux de démarque de Zara devient proche de zéro, ce qui permet de proposer des prix encore plus accessibles (première clé).

Cette troisième clé n'a pu être constituée que grâce aux deux clés précédentes, qui ont apporté le volume permettant de structurer cette chaîne intégrée locale, devenue un avantage concurrentiel majeur pour Zara.

• La quatrième et dernière clé consiste à développer des équipes engagées, ultraconcentrées sur leur mission et totalement intégrées entre elles.

Les équipes sont concentrées sur la meilleure réalisation possible des trois précédentes clés qui en deviennent leur mobile convergent d'engagement. Cela favorise leur intégration entre elles, laquelle est encore plus amplifiée à travers cette quatrième clé, grâce à une organisation à structure très plate, des interactions informelles permanentes et une humilité partagée. Enfin, pour favoriser l'engagement, Zara cultive inlassablement la posture entrepreneuriale à tous les niveaux. Chaque nouvelle collection est un nouveau défi pour lequel « nous n'avons pas d'autres choix que de la réussir ».

Les bénéfices de se développer à partir d'une architecture de développement

Durabilité et efficience du développement

Si votre entreprise a connu un succès quasi continuel depuis une bonne période, elle le doit à une architecture qui est plus ou moins conscientisée, d'où l'intérêt d'y revenir et de l'accomplir encore mieux. T.R. Zenger[77], professeur à l'université d'Utah, nous apprend que :

- l'architecture des clés d'une entreprise peut conduire son développement pendant plusieurs décennies, ce qui veut bien dire que la stratégie doit être conçue à partir de l'architecture et non l'inverse. Quant au *business model*, celui-ci étant conçu à partir de la stratégie, il n'a donc rien à voir avec l'architecture :
  - › il rentre dans les détails de l'architecture à un moment de la stratégie de l'entreprise ;
  - › son contenu se rapproche des fruits attendus par cette stratégie, en harmonie avec l'architecture des graines ;
  - › il évolue au fur et à mesure des stratégies successives ;
- les entreprises ont naturellement tendance à quitter leur architecture quand elles veulent faire de la croissance en premier, alors qu'elles feraient mieux d'amplifier leur architecture pour croître.

→ Disney s'attache à amplifier la même architecture qui date de 1957.

→ Depuis sa création en 1975, Zara a su engranger plusieurs courbes en S successives, dont chacune consistait à amplifier encore mieux la même théorie.

→ Dell a progressivement périclité à cause d'une croissance aveugle portée par la nouvelle équipe dirigeante au mépris de la théorie de l'entreprise. C'est en 2013 que

Michael Dell est revenu prendre les rênes en rachetant des parts, Dell connaît depuis un redressement tout à fait admirable, lequel a consisté tout simplement à revenir à la théorie initiale en la redéployant dans le monde actuel.

Concernant les start-up, l'observation montre que celles qui commencent par définir leur *business model* se perdent souvent par manque d'architecture par laquelle elles auraient mieux fait de commencer. Par ailleurs, quand votre start-up est située en phase d'accélération, soit vous vous laissez griser par la croissance qui vient à vous de manière aveugle, soit vous dirigez votre croissance au service de l'architecture.

Voici un des témoignages de nombreux entrepreneurs sur ce que donne la première option à long terme : « J'ai créé une start-up qui, je me rends compte, n'avait pas d'architecture. Elle se contentait de surfer sur une vague qui la tirait de manière incessante et aveugle. Nous nous sommes ainsi développés par pur opportunisme, qui, je réalise, alourdissait de plus en plus les équipes et la complexité de l'ensemble. En ce qui me concerne, j'ai vendu mes parts au bon moment de la vague, mais, malheureusement, mon ancienne entreprise a disparu depuis en même temps que la vague sur laquelle elle surfait. Si nous avions eu une architecture, nous aurions pu dépasser cette première vague en surfant sur une seconde. »

Notons, à ce titre, qu'une bonne partie des acteurs de la première révolution numérique ont disparu, ou presque, une fois cette révolution écoulée (AOL, Yahoo, Netscape, etc.).

Une étude[78] montre que la clé des entreprises qui savent sans cesse rebondir face aux discontinuités successives se situe dans un socle vers lequel tous leurs *business models* successifs s'inscrivent dans la durée, ce qui correspond bien à l'architecture à partir de laquelle les *business models* se succèdent pour l'amplifier et la redéployer en surfant sur les discontinuités.

Voici deux autres vertus de l'architecture sur la durabilité de votre développement.

- Avoir une architecture minimaliste, c'est ce qui vous protège durablement de la concurrence, qui voudra la copier en y rajoutant des choses qui feront qu'elle marchera moins bien. Vous pouvez donc dormir tranquille, car, de fait, la concurrence va dévier votre architecture vers un paquet de nouilles. Plus que jamais, c'est votre architecture de clés minimaliste en nombre et maximaliste en importance qui constitue l'avantage concurrentiel de votre entreprise. C'est ainsi que Zara n'a jamais eu à craindre véritablement d'H&M ni des e-commerçants.

> → Une des clés de l'architecture d'Ikea consiste à ce que tous ses produits soient à emballage minimum et à monter par le client. Il en résulte les fruits suivants pour Ikea : tous les coûts d'entreposage et de transport sont réduits au minimum et les coûts de montage sont substitués au client, lui rendant l'offre encore plus attractive. À cet attrait pécuniaire s'ajoutent d'autres bénéfices pour le consommateur : il peut facilement remplir sa voiture avec tout l'équipement d'une cuisine grâce à son encombrement minimum, y compris au domicile avant de la monter ; il est pleinement acteur de l'acte de sa décoration. Alinea a quelque peu voulu copier la théorie d'Ikea, mais ils ont jugé intéressant de mettre d'autres produits que ceux à emballage minimum à monter par le client. Force est de constater qu'Alinea a rarement été rentable et a rendu parfaitement serein Ikea, quant à cette nouvelle menace qui était pourtant portée par un grand groupe de distribution. Le fondateur d'Ikea étant décédé en 2018, attention à ce que sa nouvelle équipe dirigeante ne quitte pas cette clé, car il arrive que le successeur se sente obligé de faire mieux que le prédécesseur, que sa théorie qui est pourtant parfaitement efficiente.

- La réussite de vos diversifications se réalise à partir de votre architecture.

→ Dans une interview accordée à *Harvard Business Review*[79], le P.-D.G. de Sodexo explique à quel point chaque diversification du groupe doit absolument coller à son architecture des clés de développement qui est la suivante :

- leurs services peuvent être fournis par un individu ou une équipe et ne nécessitent pas d'investissements en capital dans des biens immobiliers ou des machines sérieuses ;
- ils favorisent la standardisation et le partage des connaissances et des meilleures pratiques, conduisant à une meilleure efficacité qui produit des économies pour le client ;
- ils fournissent uniquement des services qui améliorent directement la vie des individus, même si ce sont les organisations clientes qui les paient ;
- les packages de services qu'ils élaborent doivent aider les clients à exécuter leurs propres stratégies ;
- ils sont propriétaires des entreprises dans lesquelles ils sont. Ils ne sous-traitent pas et ils doivent améliorer la qualité de vie de leurs employés.

Selon lui, c'est ce qui permet de créer un ensemble cohérent et de se développer encore mieux.

→ Quand Zara s'est diversifiée dans le e-commerce, elle y est allée avec absolument la même architecture : cela rend totalement cohérente l'expérience du client quel que soit le canal de distribution (magasin, e-commerce). A contrario, de nombreuses enseignes qui se sont développées en multicanal souffrent d'incohérences au niveau de l'expérience client entre les canaux : ces enseignes ont essayé de coller au mieux à chaque canal, au lieu de faire coller chaque canal au mieux à l'architecture.

De plus en plus de performance sur la troisième dextérité

Toute entreprise qui a la pleine conscience de son architecture saura naturellement la protéger en évitant le rajout de détails et en élaguant sans cesse les détails inutiles. Cela la rendra d'autant plus performante en termes de moyens engagés *versus* résultats obtenus.

> *Éviter de rajouter*

→ Depuis son origine, Zara fixe des interdits qui la protègent de toute déviance par rapport à son architecture. En voici un exemple éloquent: « Nous nous interdisons à faire de la publicité, car si nous avons besoin de faire de la publicité, c'est que nous sommes défaillants sur une de nos quatre clés, alors autant corriger ces défaillances. »

→ Notons qu'Amazon fait de même. Une des clés d'Amazon est de développer des activités qui soient le plus en synergie possible: quand Amazon lance son activité de streaming de contenu vidéo, c'est l'ensemble de ces synergies qui constituent son avantage concurrentiel de cette nouvelle activité face à des concurrents en place (Netflix, HBO), y compris en termes de valeur différenciée apportée aux clients. Pour protéger cette clé, Amazon fixe l'interdit suivant à tous ses développeurs informatiques: « Si tu fais un programme qui ne peut pas être interfacé avec l'ensemble des autres programmes, tu es viré. »

> *Élaguer sans cesse*

Si vous ne fixez pas de rituels d'élagage, alors votre entreprise va non seulement perdre le sens de son architecture, mais elle va aussi se retrouver dans une complexité endémique qui va sévèrement nuire à son agilité. Face au paquet de nouilles ainsi généré, il devient dès lors difficile, voire impossible, de savoir quelles nouilles enlever, à moins de (re)visualiser quelle est votre architecture de grosses nouilles.

Un article[80] explique que l'endettement abyssal de Volkswagen serait dû au syndrome de la dette technique : celle-ci survient dès que les managers persistent à faire des ajustements mineurs à leur niveau, en voulant être agiles face à chaque urgence survenue. De fait, ils ne prennent pas le temps de concilier ces changements avec l'architecture du système. Ces ajustements provoquent alors une série d'effets négatifs collatéraux... au détriment de l'architecture. Souvent, la direction de l'entreprise n'en prend conscience que le jour où le diable a généré une série d'incohérences entre tous ces ajustements agiles. « Qui trop embrasse rate le train » nous vient de la tante d'une collègue : on peut penser qu'à embrasser tous ces ajustements, Volkswagen rate le train du futur.

Face à la crise économique liée à la Covid 19, revenir à votre architecture vous apportera de la sérénité pour faire *more with less* sur votre existant et élaguer franchement.

Plus d'agilité[81], de sens collectif et d'efficience de l'organisation

Comme cela a été démontré en introduction de ce chapitre, l'agilité n'est qu'une résultante de la légèreté en complexité[82].

> → Nous pouvons remarquer qu'aucune des clés de Zara ne proclame le mot « agilité », pour autant, c'est bien leur ensemble ultraréduit qui permet à Zara d'être l'entreprise la plus agile de son secteur. Zara emploie près de 100 000 salariés et n'a pas de Comex ni de Codir : ce qui dirige les 100 000 salariés et leur informatique, c'est le sens évident (et des plus concret qui soit) qui est incarné par chacune des clés de son architecture.

L'organisation et le système d'information doivent être conçus à partir de l'architecture et sans cesse revisités au service de son minimalisme, faute de quoi les hommes seront amenés à aller dans tous les sens.

Toute start-up qui se situe en phase d'accélération connaît une crise de croissance exponentielle qui peut, dans de nombreux cas, engendrer une véritable crise de complexité[2]. Elle perd alors son irréprochabilité client, ce qui est une véritable bombe à retardement concernant son développement futur. Pour éviter cet écueil, rien de tel que de se contenter de mieux faire l'architecture du *less* (*cf.* chapitre 5).

En conclusion, faut-il changer l'architecture de votre entreprise ?

Face aux discontinuités de l'environnement, si votre entreprise se contente d'être agile, alors elle subira les disruptions, ce qui est un leurre (*cf.* chapitre 1). Il faut donc conjuguer construction dans la durée et agilité dans le parcours.

Notons qu'il est plus facile de définir la nouvelle construction de votre entreprise (*cf.* chapitre 3, renégocier la courbe en S) quand vous visualisez son architecture que lorsque vous avez en face de vous un paquet de nouilles. Pour construire, vous devez tout d'abord prendre le temps de l'errance (*cf.* chapitre 1) pour identifier les discontinuités majeures de demain (dont celles pour lesquelles vous pourriez être l'auteur). À partir de là, posez-vous les deux questions suivantes qui sont en sens opposé, pour confronter votre architecture à ces discontinuités :

a. pour chaque clé de l'architecture : en quoi les discontinuités peuvent-elles la rendre caduque ?

b. pour chaque discontinuité : en quoi permettrait-elle d'amplifier notre architecture et d'engendrer de nouvelles opportunités associées ?

L'expérience montre que la seconde question trouve des réponses beaucoup plus souvent qu'on ne le pensait a priori, et que la réponse assidue à ces deux questions apporte nettement plus de lucidité sur les nouveaux choix à long terme de l'entreprise entre :

- renégocier une nouvelle architecture censée engendrer de futures courbes en S ;
- renégocier une nouvelle courbe en S qui va amplifier votre architecture (*cf.* réponses au b.).

→ Zara a pris la seconde option en 2010 en développant le e-commerce pour amplifier son architecture. Or, on peut penser qu'Internet ne contribue pas forcément à proposer des produits de manière aussi attrayante (première clé) que dans des magasins. Zara s'est donc attachée à le faire sur Internet aussi de la manière la plus attrayante possible :

- son site Internet est plus attrayant que les meilleures références expérientielles (Veepee par exemple) ;
- l'apparence du produit dans son emballage est très soignée, digne d'un cadeau pour la cliente.

Dès 2016, Zara a engendré une nouvelle courbe en S grâce au big data en exploitant les relations de cause à effet entre les données caractérisant les choix de collection et les données caractérisant les performances de vente de la collection (en fonction du magasin, des segments de clients, des périodes de vente, etc.). Grâce à l'occurrence des ventes des 4 000 magasins et du e-commerce sur de nombreuses collections successives, des algorithmes mathématiques permettent de définir quelle nouvelle collection et quels produits seront encore plus performants en vente, en amplifiant d'autant mieux chacune des clés de son architecture.

Bien entendu, aucune architecture de développement n'est éternelle. Il arrive bien un moment où certaines discontinuités rendent l'architecture caduque.

→ C'est le cas de Zara, car celle-ci pousse à une forme de consommation outrageuse qui sera de moins en moins compatible avec :

- les enjeux sociétaux et écologiques qui sont de plus en plus criants et pour lesquels elle peut sévèrement se faire braquer par l'opinion publique, voire par les pouvoirs publics ;
- les nouveaux comportements des consommateurs qui ne sont plus d'achat mais d'usage, comme le montre la litanie des plateformes Internet pour acheter et vendre des vêtements déjà utilisés (Vinted.com, etc.).

Souhaitons à Zara de réussir à désapprendre de son architecture historique pour créer une nouvelle architecture.

Quand l'entreprise a une vision claire de son architecture, cela lui donne plus de lucidité pour apprécier en quoi et pourquoi elle doit la changer face à des discontinuités qui la rendent caduque.

Quand les hommes ont saisi pourquoi leur entreprise doit changer son architecture, cela favorise leur engagement pour sortir du statu quo en s'en appropriant le sens : une étude[83] réalisée sur les points communs aux entreprises capables de résultats exceptionnels dans la durée met en évidence la capacité de leur dirigeant à rappeler fréquemment la brutalité de la situation de l'entreprise à cause des enjeux futurs, jusqu'à en rendre leurs équipes propriétaires.

Pour renégocier une nouvelle architecture, l'entreprise doit recentrer son existant sur son architecture historique pour faire du *more with less* dessus, le temps de générer la nouvelle courbe en S avec la nouvelle architecture :

- le *more* permettra de financer les fonds nécessaires pour créer la nouvelle architecture ;
- le *less* permettra de dégager de la disponibilité humaine et de la légèreté pour mieux se consacrer à la création de la nouvelle architecture.

Comme le souligne une étude[84] d'*Harvard Business Review*, cette nouvelle architecture devra être réalisée suffisamment à la fois séparément de l'ancienne et en synergie avec elle. Cette recommandation reprend le double modèle d'entreprise (*cf.* chapitre 3).

Nous allons voir dans le chapitre qui suit comment définir une nouvelle architecture et créer une nouvelle courbe en S en partant de zéro.

CHAPITRE 5

COMMENT RÉUSSIR LE CYCLE DE LA DÉSAPPRENANCE À L'INNOVATION

Ce cycle se situe en amont du début d'une nouvelle courbe en S (*cf.* chapitre 3) et est censé l'engendrer. Le contenu qui suit concerne tous les acteurs et les accompagnants de l'innovation, start-up, lab, centres de recherche, incubateurs, accélérateurs, etc.

Le cycle de l'*open invention* au *focus innovation*

La créativité n'étant que l'expiration de nos cerveaux, elle ne suffit pas pour trouver une invention : il faut pratiquer l'errance en amont de la créativité pour inspirer nos cerveaux (*cf.* chapitre 1). Ensuite, une fois que l'invention est trouvée, il faut la transformer en création de valeur : nous sommes alors dans la phase d'innovation, qui va progressivement quitter l'errance et la créativité pour s'évertuer dans la pratique de l'exploitation optimisée (*cf.* chapitre 3). Pour rappel, celle-ci s'attache à se concentrer sur les choses qui permettent d'atteindre les meilleures fiabilité et efficience possible.

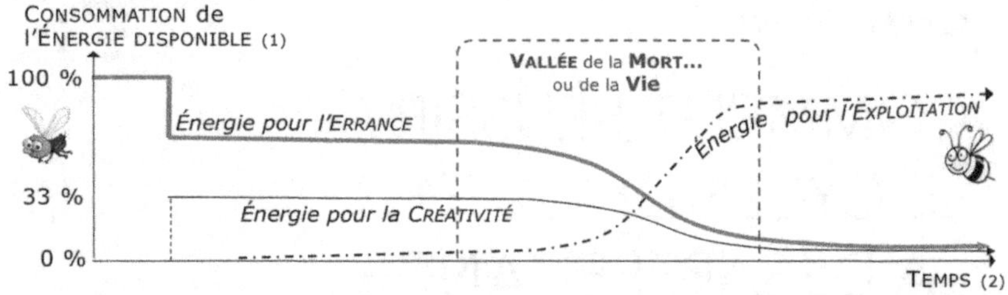

(1) Niveau d'énergie consacrée, quantifiée à partir de l'énergie humaine totale disponible à chaque moment du cycle. Selon le moment du cycle, le 100 % de l'instant t peut se partager entre une part d'énergie consacrée à l'errance, une part consacrée à la créativité et une part consacrée à l'exploitation.
(2) Avancement dans le temps de tout le cycle en amont d'une courbe en S.

Figure 21. Évolution de l'errance, de la créativité et de l'exploitation dans la durée

Ainsi, en tout début de cycle, 100 % de l'énergie sont consacrés à faire de l'errance. Un peu plus tard, nous enrichissons cette errance en consacrant 33 % de l'énergie disponible à réaliser des sessions de créativité. En prolongeant notre parcours, l'errance et la créativité vont progressivement s'estomper, au profit de l'énergie consacrée à l'exploitation, qui, à la fin du cycle, va consommer l'essentiel de l'énergie totale.

Plus vous vous situez sur la gauche de la figure et plus vous faites de la mouchitude pour inventer (découvrir une opportunité d'innovation). En revanche, plus vous vous déplacez vers la droite et plus il faut faire de l'abeillitude pour innover (transformer l'opportunité en création de valeur) : un projet innovant ne peut pas être considéré comme innovation tant qu'il n'a pas créé de valeur effective.

Au milieu de la courbe se trouve la phase la plus délicate, dite de la traversée de la vallée de la mort : c'est la zone où se chevauchent la fin de l'invention et sa transformation en création de valeur, indispensable si l'on veut parler d'innovation. Elle porte le terme de « mort » dans son appellation, car c'est là que se joue la vie ou la mort de tout projet innovant sur l'ensemble du cycle, comme le révèlent de nombreuses études. Ce terme raisonnant de manière négative, nous allons l'appeler la vallée de la vie, car c'est le point de passage ou de non-retour pour la vie du projet. Elle porte aussi le terme de « vallée » dans son nom : il faut en effet descendre le versant de l'errance (mouchitude) et gravir le versant de l'exploitation (abeillitude) :

- l'errance reste encore nécessaire pendant la traversée à cause des incertitudes que nous ignorons encore : il s'agit de s'ouvrir aux *Unknown Unknowns* sous-jacentes au projet ;
- l'exploitation optimisée est appelée à devenir de plus en plus cruciale pendant la traversée pour :
  - › dégager le meilleur scénario de création de valeur qui soit ;
  - › délivrer ce scénario de manière efficiente (s'assurer notamment de l'irréprochabilité de la valeur délivrée au client).

Cette traversée, qui vous sera détaillée par la suite, nécessite des qualités rédhibitoires d'une équipe la plus minimale possible et doit prendre du temps significatif. Elle démarre par essence avec énormément d'incertitudes et doit aboutir à des hypothèses absolument fiabilisées et épurées : les principes fondamentaux de la création de valeur, équivalents à l'architecture (*cf.* chapitre 4).

C'est une fois la vallée de la vie franchie qu'on opère le lancement de l'innovation sur le marché.

Un engagement total

Pourquoi faut-il un engagement total ? Qu'est-ce que cela veut dire ?

Un projet innovant, par essence, comporte énormément d'incertitudes, d'autant plus incertaines qu'une innovation n'est pas attendue par le marché : nos clients sont des abeilles qui veulent continuer à faire comme avant (*cf.* chapitre 2). Il va donc se confronter à de nombreuses adversités, alors qu'il est intrinsèquement fragile. Il faut par conséquent un engagement total de l'équipe qui porte le projet pour franchir la vallée de la vie ou mourir. L'expérience montre que le moral de l'équipe qui porte un projet innovant évolue dans le temps dans une forme de courbe fascinante (*cf.* figure 22) : celle-ci progresse sous forme d'oscillations successives.

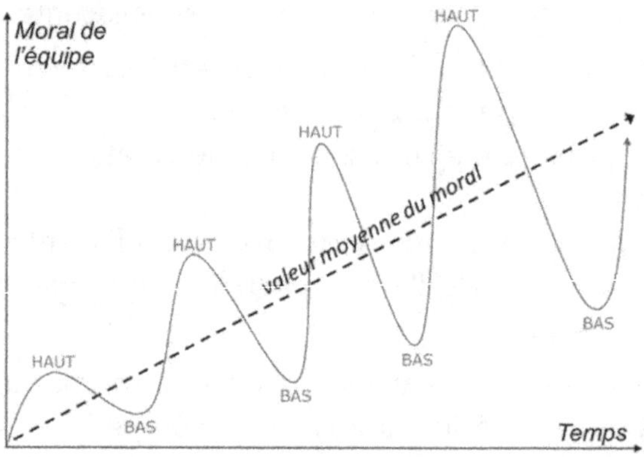

Figure 22. Enjeux de l'engagement face à la courbe de l'évolution du moral dans le temps

Au début du projet, on trouve une idée géniale qui élève le moral vers un haut, puis il rechute vers un bas dès qu'on rencontre un obstacle ou une faille majeure, qui remet fortement en cause la viabilité ou le potentiel du projet. Au fur et à mesure qu'on avance, les déconvenues rencontrées provoquent des chutes de plus en plus brutales car chaque nouveau bas :

- peut effondrer l'ensemble de nos efforts effectués depuis le début de projet ;
- est plus complexe que son prédécesseur (plus de problèmes à résoudre) et nécessite plus d'énergie pour le transformer en haut.

L'ouvrage *Pointes sèches*[85] de Philippe Meyer, sociologue et journaliste français, relate l'histoire d'une poule et d'un cochon qui apprennent qu'ils doivent s'employer à faire des œufs au bacon. La poule commence à gémir à cause des œufs qu'elle devra fournir et c'est là que le cochon lui répond : « Donner des œufs, c'est un engagement important pour toi, alors que, pour moi, fournir le bacon, c'est un engagement total. » Voici une belle image qui montre que, si l'équipe n'a pas suffisamment la posture du cochon, alors elle ne pourra pas accomplir cette courbe dans la durée : malheureusement, de nombreux porteurs qui tombent sur un énième point bas renoncent à leur projet, pour pivoter vers un autre, par déficit d'engagement total sur le projet initial. Si, sur le projet suivant, ils n'ont pas non plus l'engagement total, alors ils vont à nouveau pivoter et, finalement, déboucher sur une petite innovation peu engageante.

A contrario, c'est bien l'engagement total de l'équipe qui permet de dépasser chaque nouveau point bas rencontré : même si l'ampleur des oscillations entre les hauts et les bas augmente, il n'empêche que la moyennée de la courbe entre les hauts et les bas évolue en pente positive et permet, dès lors, de persister sans rien lâcher vers le succès ultime, comme en témoigne Michael Jordan : « J'ai raté plus de neuf mille tirs au cours de ma carrière. J'ai perdu près de trois cents matchs. Vingt-six fois, on m'a fait confiance pour prendre le tir gagnant et j'ai raté. J'ai échoué encore et encore, et à nouveau dans ma vie. Et c'est pourquoi je réussis. »

Vous vous dites peut-être qu'il faut quand même pivoter dès qu'on se retrouve dans une impasse. Si vous commencez la vallée de la vie par un rêve de solution (telle offre avec telle technologie et tel process), c'est tout à fait juste, car, s'il s'avère par la suite que cette solution n'est pas pertinente, alors il faudra l'arrêter. Il est donc préférable de commencer la vallée de la mort non pas par un rêve de nouvelle solution, mais par un rêve de nouvelle valeur que nous voulons apporter et/ou un spectre de solutions, comme nous le verrons par la suite. Ainsi, le début de la traversée de la vallée commence par des brouillons de solutions concurrentes entre lesquels nous allons zigzaguer opportunément : temporiser sur une première solution en allant en creuser une autre, laquelle temporisation va nous servir à mieux nous inspirer de la première. Ainsi, à chaque nouveau bas rencontré pendant la traversée, nous n'avons pas d'autres choix que de trouver une solution meilleure pour apporter cette valeur.

S'engager dans une innovation, c'est se mettre en situation d'incertitudes extrêmes qu'il s'agit de dépasser pour en dégager du potentiel sublime.

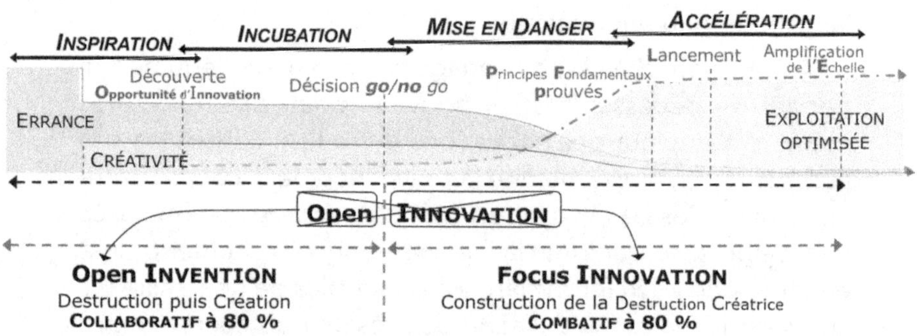

Figure 23 Cycle de la création de valeur de l'invention à l'innovation

Nous retrouvons dans la figure 23 les jalons successifs du cycle précédent qui seront détaillés plus loin, avec dans l'ordre : la découverte d'une opportunité d'innovation ; la décision *go/no go* pour s'engager sur une opportunité ; l'obtention des principes fondamentaux ; le lancement ; l'amplification de l'échelle.

> *Explications de la partie haute de la figure 23*

Il est courant d'héberger dans un premier temps un projet d'innovation dans un incubateur, dont l'étymologie du mot signifie « action de couver » : couver est précieux à un moment bien précis ; en revanche, cela pourrait empêcher la nécessaire mise en danger pour réussir la traversée de la vie. Comme le soutient F. Nietzsche, « le secret pour récolter la plus grande fécondité et la plus grande jouissance de l'existence consiste à vivre dangereusement ». Une étude[86] révèle que le premier trait des entrepreneurs voués au succès est la résolution tenace des problèmes dans des contextes de forte dangerosité. Par conséquent ne faudrait-il pas replacer la phase d'incubation :

- plus tôt, entre la découverte de l'opportunité d'innovation et la décision de se lancer sur une innovation (*go/no go*) ;
- et avant une autre phase clé dite de mise en danger qui correspond à la traversée de la vallée de la mort et doit permettre de trouver les principes fondamentaux de l'innovation ?

Bien entendu arrive ensuite la phase d'accélération : amplification de l'échelle.

> *Explications de la partie basse de la figure 23*

Ici, l'*open innovation* se retrouve rayé par une croix. Proposée en 2003 par H. Chesborough de l'université de Berkeley, celle-ci vise fondamentalement à favoriser des entrées et des sorties de connaissances (*open*) pour accélérer l'innovation de l'entreprise :

- c'est véritablement, sur la partie gauche, l'inspiration qui génère l'invention, qu'il faut de l'*open* : amplifier l'intelligence et la diversité collective permettant d'engendrer de la destruction créatrice (*cf.* chapitre 2) ;
- l'innovation ne démarre qu'ensuite, sur la partie droite, et, comme nous le verrons par la suite, ce qui prévaut ici,

c'est l'ultra-engagement d'une équipe focalisée et la plus minimale possible pour transformer l'invention en création de valeur effective. Par conséquent, l'excès d'*open* nuit à la partie droite où se situe l'innovation.

Il serait donc plus juste de considérer d'un côté l'*open invention* (le collaboratif y est favorisé à 80 %), puis de l'autre le *focus innovation* (le combatif y est favorisé à 80 %), faute de quoi l'entreprise souffrira d'une frénésie de projets d'innovation sans concrétiser de grandes innovations.

Parcours détaillé et points clés pour franchir les jalons successifs du cycle

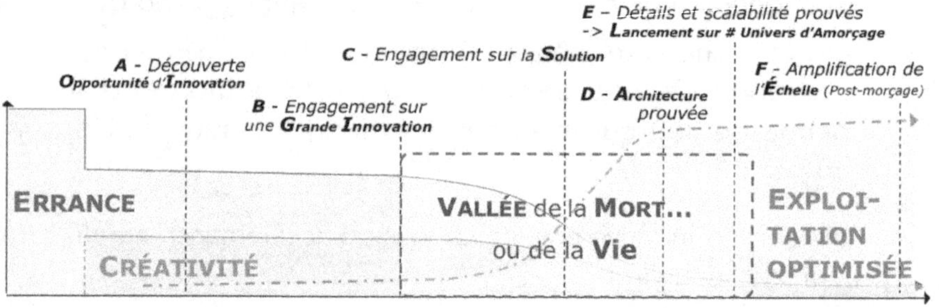

Figure 24. Points clés du cycle de la création de valeur

Du démarrage au point A

Au démarrage, nous consacrons toute l'énergie disponible pour faire de l'errance (*cf.* chapitre 1). La créativité ne vient que dans un deuxième temps en interagissant avec l'errance. Cette dernière consomme encore l'essentiel de l'énergie, environ le double de celle de la créativité, pour magnifier la désapprenance qui amène à trouver des choses. C'est chemin faisant que de nombreux inattendus vont apparaître, desquels vont jaillir des opportunités d'innovation (jalon A).

Il est nécessaire de disposer de plusieurs opportunités pour pouvoir procéder à des zigzags entre elles, afin de mieux apprécier en quoi et pourquoi elles méritent ou non d'être considérées comme de grandes innovations pour les raisons suivantes :

- après le zig sur l'une, faire un zag sur une autre permet de prendre de la distance sur la première. Toutes ces prises de distance vont permettre de les enrichir, voire d'en trouver d'autres, grâce à de nouveaux inattendus. N'oublions pas que les disrupteurs sont des temporisateurs (*cf.* chapitre 1). Dans un de ces podcasts, E. Mock, *serial* entrepreneur et cocréateur de la Swatch, soulignait en 2016 que « l'instinct très naturel pour un innovateur est de se déplacer de manière non linéaire, de passer des concepts au savoir-faire pour revenir au concept, relooker un nouveau savoir-faire, changer à nouveau de concept ».
  Il ne s'agit pas, et c'est important, de faire le zig et le zag en même temps en mode multitâche (*cf.* chapitre 3), mais de manière disjonctive, en termes de temporalité ou d'équipe censée réaliser le zig ou le zag. Nous allons donc employer le terme de zigzag disjonctif pour la suite du récit (même si cela peut paraître un pléonasme) ;
- l'observation montre que nous pouvons nous emballer sur une opportunité d'innovation de manière irrationnelle, alors que nous n'en sommes qu'à son balbutiement : avoir plusieurs opportunités à ce stade nous rend plus lucides sur chacune d'elles et forge un meilleur esprit critique utile (*cf.* chapitres 1 et 2) à leur égard.

Du point A au point B

Postérieurement au point A et pour chacune de ces opportunités, il s'agit d'accomplir de manière concrète et parallèle différents travaux : errer sur ce qui se fait ailleurs, explorer les contraintes et engager des *unlearning experiments*.

> *Errer en toute curiosité sur les solutions de substitution concurrentes et les champions éloignés*

Il arrive fréquemment que l'expression de telle opportunité incarne plutôt une solution à proposer plutôt qu'une valeur à apporter. Or, si cette solution n'est pas la meilleure pour apporter de la valeur (à double titre, de manière intrinsèque et par rapport à la concurrence), alors elle s'enferme à rester une mauvaise innovation. Il est utile dans ce sens de remonter au pourquoi de la solution, pour identifier et ouvrir d'autres solutions de substitution concurrentes.

→ Une opportunité pour **Nettoya** déjà évoquée (*cf.* chapitre 2) consiste à proposer aux salariés de faire une partie du boulot de nettoyage afin de les rendre acteurs de leur lieu de travail : c'est expression d'une solution. Remonter au pourquoi de cette solution nous amènerait à la valeur générique suivante : permettre aux hommes de l'entreprise d'avoir encore plus de goût à vivre ensemble, à partager des moments de vie dans le lieu qui leur appartient. Les autres solutions pour répondre à cette valeur générique seraient alors : créer des rituels d'animation extra-professionnelle dans le lieu ; proposer des séquences périodiques pendant lesquelles les occupants vont refaire la déco de leurs bureaux comme s'ils refaisaient la déco de leur appartement ; habiller le lieu d'un écran qui diffuse des photos marquantes de la vie de l'équipe et de l'entreprise (l'équivalent de la maison sur les événements de la famille) ; habiller les réunions virtuelles avec de la réalité augmentée qui nous donne l'illusion d'être réellement ensemble.

Une fois que vous avez identifié le spectre de ces solutions de substitution, il s'agit d'errer en toute curiosité vers chacune d'elles et de manière parallèle pour s'y ouvrir au maximum. Comme le révèle une étude[87] récente, les start-up les plus performantes procèdent comme les jeunes enfants de 3 ans :

- au lieu de chercher à se différencier de ce que font leurs camarades de classe, ils vont s'ouvrir de-ci de-là à la génialité de ce que font les autres pour s'en inspirer ou l'emprunter ;
- au lieu d'aller de l'avant à toute vitesse, ces start-up laissent leur modèle volontairement indéterminé et attendent que les choses mûrissent pour apporter de nouvelles réponses aux failles de leur modèle.

Une deuxième errance consiste à aller découvrir avec une curiosité vivace ce que font des champions éloignés et comment ils le font (*cf.* chapitre 2).

> → **Nettoya** pourrait aller voir des champions éloignés de la solution : par exemple, comment font les prestataires en sécurité industrielle pour rendre les occupants du site acteurs de leur propre sécurité. Elle pourrait également observer des champions éloignés du pourquoi de la solution : par exemple, comment font les villages vacances pour créer des occasions et des conditions collectives qui vont magnifier encore mieux les vacances.

En acceptant de vous perdre sur ces errances, vous allez à la fois gagner en lucidité sur la situation concurrentielle et dégager une meilleure synthèse des solutions concurrentes.

> *Explorer les contraintes*

Nous avons vu que chaque contrainte est une opportunité de rupture pour celui qui s'intéresse à la résoudre (*cf.* chapitres 1 et 2). Par ailleurs, il est crucial d'investiguer a minima sur les contraintes de telle ou telle opportunité avant toute décision au point B. Voici une liste des contraintes, pour lesquelles il s'agit de procéder de manière parallèle :

a) faisabilité technique ;
b) process pour délivrer la valeur dans les meilleures conditions de coût ;
c) comment toucher et gagner des clients et développer leurs commandes ;
d) comment nous rémunérer et auprès de qui pour rentabiliser au mieux la valeur apportée ;
e) contraintes réglementaires et propriété intellectuelle ;
f) barrières à l'entrée des acteurs en place et/ou risque de réactions hostiles de leur part.

Pour chacune d'elles, il s'agit de faire 10 % des investigations permettant de nourrir au mieux (60 %) la réponse aux deux questions suivantes :

- quel(s) problème(s) pose-t-elle ?
- quelles sont les différentes pistes et alternatives pour résoudre ce problème ?

Pour résoudre la contrainte (f), vous pouvez par exemple adopter la technique du remora, au moins dans un premier temps : c'est un poisson qui passe son temps à vivre sous un requin en profitant de lui tout en restant le plus invisible possible pour le requin.

Voici des illustrations marquantes qui montrent en quoi ce premier temps a permis non seulement de résoudre cette contrainte, mais aussi d'engendrer par la suite un nouveau requin encore plus gros et qui a finalement presque remplacé le précédent.

→ Quand Le Bon Coin (site d'annonces web) est sorti, le requin était ebay.com. Le Bon Coin s'est concentré sur ce qui ne dérangeait pas ebay.com, tout en reprenant un peu de son énergie : le site ne faisait de l'intermédiation que pour des produits à faible valeur ajoutée en mode *local to local*, sans même déranger eBay qui ne l'a pas vu venir. Or, il y a beaucoup plus de produits à faible valeur ajoutée à intermédier. Par conséquent, en étant gratuit, Le Bon Coin a pu constituer une communauté autrement plus conséquente que celle qu'avait eBay. Le Bon Coin a par la suite remplacé le requin, est devenu aujourd'hui le premier site sur de nombreux domaines (immobilier, automobile, recrutement, etc.) et peut se permettre d'être de moins en moins gratuit. TikTok a joué le remora vis-à-vis du requin Facebook-Instagram, qui est en train de subir le même sort que celui d'eBay à l'époque.

Le croisement itératif entre ces investigations parallèles vous permet de dégager :

- une arborescence suffisamment affinée révélant les contraintes les plus causales à résoudre et de nouvelles réponses plus pertinentes pour y répondre ;
- d'autres solutions pour réaliser votre opportunité d'innovation.

Bien entendu, au moment de décider du *go/no go* pour telle opportunité (point B), il restera forcément des contraintes qui seront encore en manque criant de réponse, ce qui est une aubaine, car cela vous aidera à décider en connaissance de cause, au point B, d'un éventuel *go* et, le cas échéant, à savoir ce sur quoi vous vous engagez en termes d'écueils pour lesquels vous n'aurez pas d'autres choix que de trouver des réponses.

> *Engager des* unlearning experiments

Il s'agit de dévier et de martyriser les hypothèses de l'opportunité d'innovation ainsi que ses contraintes. Cela permettra de révéler le plus tôt possible les inattendus sous-jacents à votre opportunité d'innovation et, dès lors, de progresser vers d'autres hypothèses, contraintes inattendues mais décisives, à condition, à chaque RETEX d'une nouvelle UNLEXPER n, de procéder à un RETEX compilant l'ensemble des n.

L'ensemble de ces travaux se réalise sous forme de zigzags disjonctifs sur trois dimensions, qui sont distribués entre différentes personnes et réalisés en parallèle (et non pas en séquentiel) :

- les opportunités d'innovation ;
- les trois travaux précités pour chaque opportunité ;
- les sous-travaux de chacun de ces trois travaux.

Il devient alors capital de croiser très régulièrement le fruit des derniers zigzags, pour sans cesse éclairer la suite des travaux et déformer utilement la vision initiale de chacune des opportunités. En d'autres termes, le séquentiel ne se fait qu'aux instances de croisement entre tous ces parallèles. Voici une approche pour structurer ces croisements qui s'appuie sur le principe d'*enacting*[88] (promulgation en français), qui a été mis au point pour trouver du sens face à un magma d'incertitudes et dont les vertus ont été démontrées :

1. récolter les étonnements factuels ainsi que les potentialités et les contraintes révélées depuis la session de croisement précédente ;
2. valider ce qu'on comprend et ce que l'on ne comprend pas, au regard du (1) ;
3. définir quelles sont les expéditions et les expérimentations à réaliser en fonction du (1) et (2) : celles pour désapprendre, celles pour confirmer ;
4. détecter des inattendus majeurs qui nécessitent d'engager un nouveau croisement sous forme de boucle itérative.

Au point B : décider d'engager une grande innovation

Arrive alors un deuxième jalon crucial et difficile, qui consiste à confronter les opportunités et à les évaluer les unes par rapport aux autres pour décider et s'engager sur une grande innovation (*cf.* chapitre 3). Notez bien que tant que nous n'avons pas trouvé une grande innovation, nous ne nous engageons sur aucun projet.

Bob Langer du MIT, considéré comme l'Edison de la médecine dans les biotechnologies, explique à ses équipes qu'il faut se concentrer sur les idées à fort impact : considérez l'impact sur la société, pas l'argent. G. Pisano, professeur à Harvard, abonde dans son sens : « Si vous résolvez certains des gros problèmes de la société, vous gagnerez en fait beaucoup d'argent. »

Voici quelques préconisations pour mieux décider d'une grande innovation.

- Si la pression en interne pour innover est trop forte dans votre entreprise, cela va vous amener à faire passer de petites innovations qui seront plus toxiques pour l'entreprise que créatrices de valeur pour elle (*cf.* chapitre 3). En guise de palliatif, attachez-vous à bien différencier ce qui est de l'ordre d'un projet d'innovation ou de l'ordre d'une idée *quick win* : c'est une idée rapidement gagnante qui, à la différence d'un projet d'innovation, n'est pas structurante ni en termes de moyens à engager ni en termes de durée. Par définition, toutes les idées *quick win* passent à l'acte d'expérimentation puis d'implémentation, permettant de satisfaire la pression sur l'innovation en apportant des petits gains épars ici et là. Ces idées aident à se détromper des petites innovations : Google ne s'engage sur aucun projet tant qu'elle n'a pas trouvé un projet 10X, c'est-à-dire une opportunité d'innovation qui conduit à dix fois plus d'amélioration de valeur que les opportunités classiques.

- Une étude[89] s'est intéressée à comparer le sort de la décision sur des projets innovants, selon que les décideurs sont confrontés à des situations d'incertitude fortes ou faibles. Les premiers ont tendance à réfuter les projets réellement disruptifs pour se rallier à de la petite innovation, alors que les seconds valorisent mieux les projets disruptifs et aiment à considérer leur faisabilité. Si la décision est confiée aux dirigeants opérationnels de l'entreprise (*cf.* chapitre 3, exploitation de la tridextérité), qui sont intrinsèquement sujets à des incertitudes plus ou moins pesantes liées à l'opérationnel, ils risquent par conséquent tous de tomber dans la petite innovation. Il vaut mieux confier la décision à des décideurs concernés et peu stressés par les incertitudes en cours (décideurs de la partie errance de la tridextérité).

• Pour une entreprise établie, la grille pour décider du *go/no go* sur une opportunité d'innovation à démontrer et à concrétiser n'a rien à voir avec celle pour décider d'un projet classique en terrain connu. Voici quelques critères d'évaluation pour aviser du *go* sur une opportunité, sachant qu'il faudra obligatoirement l'évaluer comparativement à d'autres :

- en quoi cette opportunité d'innovation répond-elle au problème stratégique de notre entreprise (*cf.* chapitre 3) ?
- en quoi apporte-t-elle un impact stratégique et économique à l'entreprise tel que cela surpasse les considérations de faisabilité et de risque ? En quoi reste-t-elle encore suffisamment ouverte en termes de solutions possibles ?
- en quoi avons-nous les qualités d'équipe requises (*cf.* ci-dessous) ?

Au point B : prendre le temps de constituer la petite équipe d'exception

> *Une posture d'engagement total*

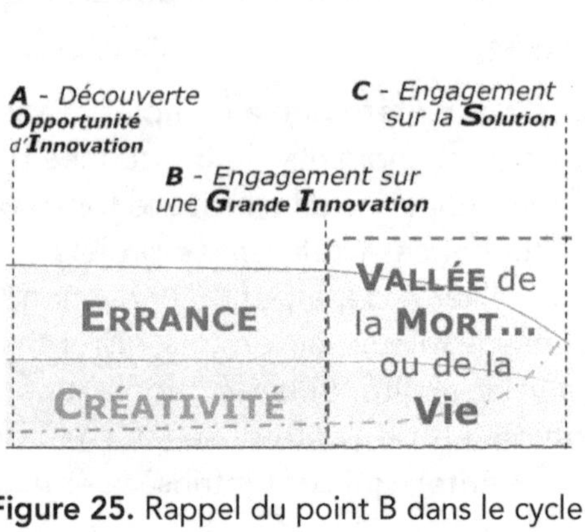

Figure 25. Rappel du point B dans le cycle

Dans cette phase décisionnelle, il sera totalement illusoire de s'engager favorablement sur une grande innovation, si l'équipe qui porte le projet n'est pas engagée dessus. Au moment de la décision, Il faut jauger attentivement son engagement (ne pas confondre trouveur d'idée et porteur d'idée). Si l'engagement n'est pas assez fort, il est préférable de différer la décision en attendant que l'équipe devienne plus engagée, voire qu'elle se renouvelle.

On dit souvent qu'il faut échouer pour innover, mais cela mérite d'être nuancé :

- autant sur la partie gauche du cycle, c'est indispensable, ne serait-ce que pour trouver des inattendus grâce à l'errance destructrice ;
- autant ceux qui réussissent la traversée de la vallée sont ceux qui s'interdisent l'échec à partir du point B : ils n'ont pas d'autres choix que de réussir, et c'est ce qui fait qu'ils rebondissent sur toutes les erreurs rencontrées pendant la traversée.

Autant il faut s'autoriser à échouer pour inventer,
autant il faut s'interdire l'échec pour transformer l'invention en innovation.

J. Bezos soutient à ce titre qu'il y a deux types d'échec : l'échec expérimental, c'est le genre d'échec dont vous devriez être friand, et l'échec opérationnel, qui n'est pas un bon échec[90]. Vous devez distinguer ces deux types d'échec pour vous mettre à la recherche d'invention et d'innovation.

Chaque bas rencontré pendant le parcours n'est pas considéré comme une erreur, ou un échec, mais comme une source majeure de remise en question sans renoncer au projet. Notons que l'engagement d'une équipe ne se décrète pas, mais se forge et se cultive. Ce sont les mises en situation successives qui vont créer l'engagement dont l'étymologie est « mettre en gage ». Moins les gens auront à perdre et moins ils seront engagés. « Créer une start-up, c'est sauter d'une falaise et assembler l'avion pendant que tu tombes », c'est ce que soutient R. Hoffman, fondateur de PayPal et de LinkedIn. Le fait d'avoir sauté de la falaise nous oblige à n'avoir pas d'autres choix que d'apprendre à voler, faute de quoi nous perdons la vie. Même si son propos est exagéré dans la dimension temporelle (*cf.* chapitre 1, la mise en danger doit se faire en marathon et non en sprint), combien de start-up ont réellement sauté de la falaise, en sachant que, si elles échouaient, elles perdaient tout, voire même qu'elles avaient beaucoup plus à perdre qu'à gagner ?

On peut s'interroger à ce titre sur les effets contre-productifs des financeurs qui donnent des moyens ambitieux à un projet pour mieux le soutenir : ne feraient-ils pas mieux de donner moins pour mettre encore plus en gage l'équipe qui porte le projet ? Ce propos concerne encore plus toute entreprise qui voudra forcément soutenir tout projet d'innovation prometteur pour elle. Notons par ailleurs que, lorsqu'une équipe a moins de ressources, sa performance créative est meilleure.

À donner trop de moyens à l'équipe d'un projet innovant, c'est l'investisseur qui saute de la falaise à leur place.

Comment favoriser l'engagement total (premier élément du cahier des charges de l'équipe) ?

- Créez les conditions[91] qui vont forger l'engagement de l'équipe déjà en amont du *go* :
  - plus les acteurs auront donné d'eux-mêmes, notamment à travers les *unlearning experiments*, et plus ils auront à perdre ce capital-travail déjà investi, d'où l'intérêt de

les rendre acteurs de leurs moyens et donc de ne pas trop leur en donner ;

- favorisez les rencontres entre des profils qui convergent vers le même « apporter quoi » (*cf.* chapitre 3, le moteur humain) et concernez-les sur quel est ce « quoi » qui les anime et qui vaut bien toutes les errances associées.

• Au moment de la décision pour traverser la vallée, demandez aux porteurs du projet :

- de fixer le curseur ambitionnel de leur projet à long terme : cela permet d'une part de jauger leur engagement et d'autre part de les mettre en situation de se mettre en gage. Bertrand Picard, aéronaute, expliquait : « C'est en remisant le ballon avec lequel j'avais fait le tour de monde au musée de Washington que m'est venu le rêve de démontrer qu'on pouvait faire voler un avion autour du monde sans énergie fossile. À peine arrivé, à mon retour à Genève, j'ai convié de nombreux médias pour leur annoncer ce rêve, alors que je ne savais même pas si c'était possible, alors pourquoi l'ai-je fait ? Tout simplement parce que la gloire de mon précédent record m'empêchait de m'engager. Le jour où je l'annonce à tout le monde, je n'ai pas d'autres choix que de réussir. » En procédant de la sorte, Il avait mis en gage toute sa gloire passée ;
- d'avoir la pleine conscience des risques en estimant les probabilités d'échec du projet : une étude[92] démontre que les surpassements humains sont accomplis quand on se fixe un défi avec la pleine conscience de ses probabilités d'échec, car cela engage d'autant plus. Souvenons-nous qu'un homme averti en vaut deux ! Rappelons-nous le témoignage d'E. Musk qui ne pensait pas que la Tesla serait un succès et était certain que SpaceX n'orbiterait pas, ou encore celui de J. Bezos qui avait dit à ses parents que les probabilités d'échec

d'Amazon étaient de 70 % et que, par conséquent, il ne valait mieux pas qu'ils investissent dedans dans le but d'assumer encore plus le risque. Rien de tel que de faire mourir le projet en pré-*mortem* pour comprendre ses facteurs de décès[93]. Vous pouvez dans ce sens demander à des experts pourquoi votre projet est voué à l'échec, pour éclairer ce qu'il s'agira de rendre impossible, faire des *unlearning experiments* (*cf.* chapitre 2) sur des scénarios volontairement macabres pour provoquer des inattendus indésirables.

Lorsqu'une entreprise établie souhaite faire porter un projet innovant par ses propres hommes, deux pratiques peuvent être employées pour forger leur engagement et les rendre « extrapreneurs » par rapport au confort d'être salarié de l'entreprise :

– demander aux porteurs de s'engager financièrement sur le projet (ne serait-ce que symboliquement), de telle sorte qu'ils n'aient pas d'autres choix que de gagner pour ne pas perdre, avec en retour des perspectives de gain associées au succès ;
– acter dès le point de décision du projet qu'il est à durée limitée et peut donc s'arrêter à tout moment comme pour tout projet de start-up. C'est bien ce qui fait que les hommes de l'entreprise sont engagés (*cf.* ce principe clé d'équipe à durée limitée forgé au sein de la DARPA, cellule innovation au service de l'armée américaine, qui lui confère une performance avérée à accomplir des innovations dont la portée dépasse les applications militaires[94]).

• Une fois la décision *go* prise :

– fixez des échéances successives pour la traversée de la vallée dont la non-réalisation sera rédhibitoire pour la suite, les premières échéances étant calées ainsi : si vous n'avez pas fait au moins tant d'*unlearning tests* avant telle date (puis tant d'autres avant telle autre date), alors vous arrêtez le projet;

- au lieu de donner beaucoup de moyens dès le point B, donnez des moyens congrus et progressivement croissants au fur et à mesure de la réussite de chaque échéance. Le piège de donner trop de moyens à une start-up est bien connu : plus vous lui donnez de moyens et plus vous créez les conditions d'une non-mise en gage de la part de l'équipe;
- invitez périodiquement l'équipe:
  - › à cibler les élagages utiles pour dégraisser la complexité endémique propre à tout projet incertain et qui entrave gravement l'engagement des hommes;
  - › à repréciser le pourcentage d'échecs du projet, les causes d'échec et la gestion des causes;
  - › à pratiquer des boucles dédiées à l'apprentissage des incertitudes (principe d'*enacting*, *cf.* note 88): 1. Quelle est la situation? 2. Qu'est-ce qu'on comprend/ne comprend pas? 3. Quelles actions engage-t-on? 4. Quel(s) inattendu(s) avons-nous détecté(s) qui nous oblige à recommencer la boucle?

> *Quatre qualités rédhibitoires de l'équipe*

Un deuxième élément du cahier des charges de l'équipe d'exception est indispensable. En effet, la traversée de la vallée nécessite quatre capacités très particulières de l'équipe qui sont rédhibitoires, comme le souligne une étude[95] de 2018:

1. être confortable dans l'incertain;
2. savoir piloter et concrétiser dans le chaos;
3. penser en divergence tout en agissant en convergence;
4. savoir communiquer de manière influente.

Cette étude précise que cette équipe ne conviendra pas pour l'après-vallée qui appelle à faire de l'exploitation[2]. Ainsi, il faudra presque la remplacer pour créer une équipe ayant les meilleures capacités à se concentrer sur l'efficience et l'irréprochabilité.

Avant d'engager la traversée de la vallée, il faut donc prendre le temps pour constituer cette équipe très particulière, car, comme vous le constatez, les trois premières capacités sont des oxymores (qui allient deux sens contradictoires). Vous trouverez rarement une personne correspondant à chacun des éléments de ces oxymores. Il faudra donc constituer à la fois une complétude et un conflit productif entre ces profils croisés.

Une étude[96] montre que le conflit productif favorise l'efficience de la créativité collective. S. Jobs et S. Wozniak avaient un style et une personnalité quasi opposés à partir desquels ils ont combiné leurs forces pour créer Apple, tout comme Miles Davis et John Coltrane dans le jazz ou encore Shaquille O'Neal et Kobe Bryant dans le basket. Selon W. Wrigley, businessman reconnu aux États-Unis, « les business sont construits par des hommes qui ne sont pas d'accord et, lorsque deux hommes sont toujours d'accord, l'un d'eux est inutile ».

Une autre étude[97] montre que plus une équipe prend en compte les contraintes d'un projet et plus sa créativité et sa résolution de problème sont meilleures, remettant en question l'hypothèse selon laquelle les contraintes tuent la créativité. Au même titre, plus l'incertitude du projet est élevée et plus l'équipe est créative.

> *Une équipe la plus minimale possible*

C'est là le troisième élément du cahier des charges de l'équipe d'exception : celle-ci devra avoir une taille la plus minimale possible[98], car plus la taille de l'équipe est grande et plus :

- l'engagement des uns et des autres s'effrite ;
- l'aversion au risque augmente ;

- la frénésie à ajouter des détails qui complexifient tout augmente, entraînant l'effondrement de l'agilité ;
- le projet se ternit en consensus mou, aboutissant dès lors à la moins mauvaise disruption ;
- l'équipe s'éloigne des quatre capacités rédhibitoires précédemment citées.

Une étude[99] montre que les équipes qui disruptent la science et la technologie sont celles qui sont les plus petites en taille, confirmant de la sorte les propos de M. Mead, anthropologue : « Ne doutons jamais qu'un petit groupe d'individus conscients et engagés puisse changer le monde. C'est même de cette façon que cela s'est toujours produit. »

→ L'équipe de F. Zapata fait preuve d'un extrême minimalisme comparativement aux équipes des projets aéronautiques classiques pour inventer sous leur nez un engin permettant de faire comme Iron Man dans l'air à près de 190 km/heure.

→ De l'autre côté, Amazon, qui pourtant bénéficie d'une taille et de moyens énormissimes, s'oblige à ce que la taille de toute équipe travaillant sur un projet innovant ne dépasse pas l'équivalent de deux pizzas pour la nourrir.

Précisons que la traversée de la vallée devra exceller dans une créativité dédiée à la résolution de problème. Là encore, une équipe de taille réduite et ultradiversifiée en termes de profils cérébraux sera plus créative[100].

Ces éléments montrent que favoriser-l'*open* dans la phase d'innovation va à l'encontre de la plus petite équipe.

> *Une équipe minimale compétente*

Il reste un dernier élément du cahier des charges, qui est tellement évident qu'on a tendance à le négliger : il faut s'assurer que l'équipe minimale a bien les compétences et les expertises requises (techniques, création business) pour réaliser le cœur du projet. En effet, trop souvent, des projets échouent a posteriori, tout simplement car il manquait une expertise dans l'équipe. Deux cas de figure tragiques existent :

- en amont du projet, l'équipe n'a pas perçu à quel point telle expertise était clé : pour y parer, il est précieux de demander à des champions sur telle dimension technique du projet quelles sont selon eux les expertises indispensables au sein de la plus petite équipe ;
- malgré l'expertise qu'il fallait annoncée comme étant là, malheureusement il s'avère que la personne dont on pensait qu'elle était experte ne l'est pas : ce cas est quasi systématique quand vous devez recruter une expertise totalement étrangère à la vôtre (par exemple, le nombre de personnes prétendant faire de l'IA est légion, mais ils ne sont pas forcément de vrais faiseurs d'IA). Pour parer à ce piège, il est impératif de faire avaliser par un expert indépendant :
- le niveau d'expertise de la personne pressentie pour prendre ce rôle ;
- le cahier des charges ouvert de ce qu'elle devra réaliser ;
- la qualité technique de ce que la personne a réalisé sur chacun des jalons.

Du point B au point C : le début de la traversée de la vallée

La traversée de la vallée doit aboutir à une architecture prouvée (*cf.* chapitre 4). Elle commence au point B par diverger sur des brouillons de solutions concurrentes pour nous départir de nos évidences et répondre encore mieux au rêve établi.

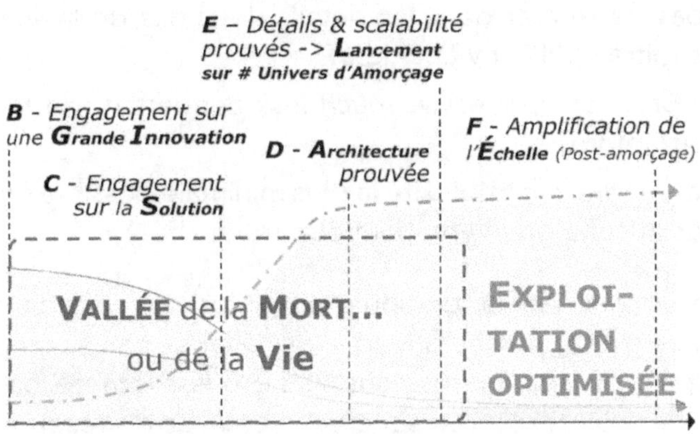

Figure 26. Cycle de la création de valeur à partir du point B

Une étude précédemment citée[101] révèle que les start-up performantes s'ouvrent à plusieurs versions de projet différentes et se laissent flotter à les tester en parallèle. S. Jobs soutenait : « Jeter le choix évident est la clé du succès d'Apple. Les choix aléatoires sont évidents, mais le choix parfait prend du temps. Vous pourriez arriver à votre choix, seulement après avoir écarté de nombreux autres choix. »

Chaque brouillon fera l'objet d'*unlearning tests*, sera réalisé en zigzags disjonctifs et pourra dévier vers une toute nouvelle solution concurrente. Le RETEX des n RETEX de toute cette démarche permettra, une fois arrivé au point C, de dégager la solution la plus pertinente, de justifier sa pertinence pour répondre au rêve et d'éclairer quelques pistes de principes fondamentaux.

Du point C au point D : la suite de la traversée de la vallée

Vous voilà rendu à peu près au milieu de la traversée. Il s'agit alors de prendre le temps de poser l'architecture des grosses graines qui suffisent pour constituer la solution, et non pas de rentrer dans les détails des fruits de la solution (*cf.* chapitre 4). Il convient alors :

- de préciser quel est le *much less* permettant de faire le *much more* ;
- d'atteindre la complexité la plus minimale possible (quand plus aucune graine ne peut être retranchée).

Souvenons de la pratique d'E. Musk (*cf.* chapitre 4) : « J'opère sur l'approche physique de l'analyse par les premiers principes. » Et appliquons-nous à faire le *less is more,* comme le soutient S. Jobs : « Lorsque vous essayez de résoudre un problème, les premières solutions que vous trouvez sont très complexes et la plupart des gens s'en arrêtent là. Mais si vous continuez à chercher, en restant concentré sur le problème à résoudre, en continuant d'enlever la peau sur l'oignon, vous arriverez souvent à des solutions élégantes et simples. »

Quid du produit minimum viable _versus_ l'architecture ?

Les gens peuvent penser que l'architecture du *much less* est la même chose que le produit minimum viable (la version d'un produit qui permet d'obtenir un maximum de retours clients avec un minimum d'effort). Or, la première est beaucoup plus globale et à long terme que le deuxième. Elle englobe tous les fondements de la création de valeur, dont découlent le choix de valeur puis le produit associé… puis la version de produit minimum, et ce, de manière générique et stratégique dans la durée, au-delà de la phase de lancement pour laquelle on cherche le produit minimum viable.

→ Herb Kelleher s'est révélé être un fabuleux disrupteur dans l'univers des compagnies aériennes en créant sa compagnie Southwest Airlines en 1975, devenue depuis numéro 1 aux États-Unis et première au classement mondial des compagnies les plus sociétales. Il soutient que le cœur de la vraie stratégie ne concerne pas les plans stratégiques ou les proclamations et les énoncés d'une vision stratégique, mais consiste à faire les quelques choix clés qui vous permettent de servir les clients de manière distinctive et précieuse.

Les choix auxquels il fait allusion correspondent bien aux clés de l'architecture qu'il avait pris le soin et le temps de constituer avec son associé au moment de la traversée de la vallée, préambule au lancement en 1975.

Cette architecture est le point de départ et le point de cohérence du reste. Le produit minimum viable qui a été employé au lancement de sa compagnie était au service du *business model* de ce lancement, qui lui-même était au service de cette architecture qui persiste encore aujourd'hui.

Commencer par le produit minimum viable, c'est travailler à l'envers. Bien entendu, il faudra s'y atteler plus tard au moment de structurer la phase de lancement avec son *business model* associé.

Cette première version de l'architecture doit ensuite être martyrisée de manière itérative et constructive à travers trois approches parallèles et itératives :

- s'amuser à retrancher chaque graine sous forme d'expérimentations frugales parallèles ;
- conduire une session d'échecs pré-*mortem*, comme évoquée précédemment. Notons que l'échec pré-*mortem* est plus puissant que l'analyse des risques, car il engage plus les participants et leurs apports sont nettement mieux valorisés ;
- réaliser des POC (*cf.* chapitre 2, preuves de concept).

Du point D au point E : la fin de la traversée de la vallée

C'est une fois arrivée au point D que l'architecture est éprouvée. Il s'agit de plancher sur la phase de lancement, ainsi que sur le *business model* et le produit minimum viable associé. C'est à ce moment du cycle que vous pouvez utiliser à bon escient les approches *lean start-up* et *design thinking*, les méthodes agiles[102] Scrum et Kanban.

Comme nous l'avons vu précédemment, une grande innovation n'est pas attendue par le marché, contrairement aux petites. Cela veut dire qu'il ne suffit pas de la lancer et de la développer, comme si le marché existait déjà. Il faut amorcer la création du marché visé sur un autre marché dit d'amorçage : quand vous voulez faire fonctionner une pompe à eau, celle-ci ne pompera rien du tout tant que vous ne l'aurez pas amorcée.

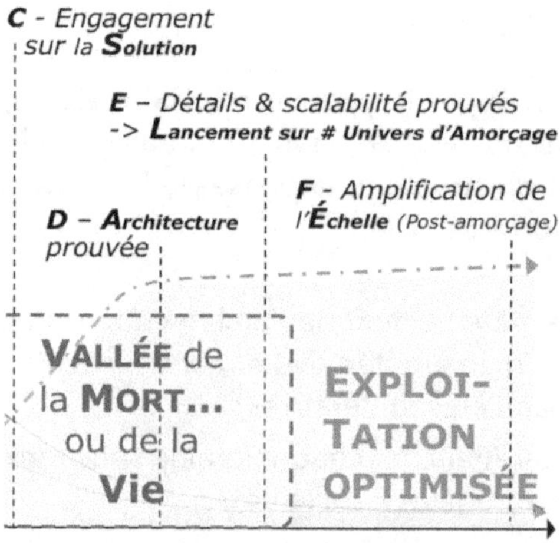

Figure 27. Cycle de la création de valeur au-delà du point C

À ce titre, même si une étude ancienne[103] disait qu'il suffisait d'adresser le segment des clients dit innovateurs du marché visé pour amorcer une innovation, l'observation montre qu'il faut souvent adresser un univers d'amorçage qui est différent du marché visé, avant d'adresser les innovateurs du marché visé : c'est un micro-univers que l'on adresse avec des moyens congrus, qui doit préparer la création du marché et favoriser son accélération post-création. Il s'agit donc d'explorer plusieurs pistes d'univers d'amorçage, puis de faire des zigzags disjonctifs entre elles en les expérimentant. Pour les trouver, essayez dans l'ordre :

- d'imaginer quels sont les acteurs qui sont en marge de l'univers ultime et pour lesquels votre innovation n'apporte que des bénéfices perçus (aucune contrainte ni sacrifice perçu) ;
- de voir comment créer un effet domino à partir de ces acteurs vers l'univers ultime.

Une fois l'univers d'amorçage identifié et validé, il s'agit :

- de rentrer dans le détail du *business model* de la phase de l'univers d'amorçage, avec entre autres la définition de son produit minimum viable ;
- d'étayer différents scénarios censés engendrer l'effet domino sur le marché visé : à l'image de la chanson des *Trois P'tits Chats* : en démarrant par « bout d'ficelle » (univers d'amorçage), cela permet de faire « selle de cheval » (deuxième univers), qui permet de faire « cheval de course » (troisième univers), qui permet de faire « course à pied » (quatrième univers), etc. Il s'agit de zigzaguer entre différents scénarios d'effet domino de ce genre pour laisser mûrir le scénario censé engendrer au mieux l'amplification d'échelle.

Quelques exemples montrent à quel point créer l'univers d'amorçage engendre un fabuleux effet domino sur l'univers ultime.

→ L'iPhone a résulté d'un premier univers qui l'avait précédé, en l'occurrence l'iPod. Ce produit iconique, magique pour écouter toutes les musiques en toute simplicité avec iTunes, avait pu conquérir des millions de consommateurs, qui pour la plupart ont acquis par la suite un iPhone (permettant notamment de retrouver iTunes). Par ailleurs, comme nous l'avons vu précédemment, l'univers d'amorçage du lancement de l'iPhone a consisté, non pas à adresser le marché ultime (les consommateurs), mais des développeurs en tout genre, en leur proposant un atelier de génie logiciel pour développer des applications sur un téléphone mobile prometteur avec son écran tactile muni d'un gyroscope et d'un GPS, ainsi que la plateforme App Store pour diffuser leur application : c'est ainsi qu'est née une première batterie de cinq cents applications géniales qui ont transcendé la valeur d'usage de l'iPhone… et qui avaient été développées à moindre coût pour Apple. L'effet domino suivant a consisté à adresser le marché cible, le consommateur, en réservant l'exclusivité de la commercialisation de l'iPhone à un seul opérateur télécom par pays : c'est ce dernier qui en a fait la promotion pour le compte d'Apple. L'effet domino suivant est venu de l'enrichissement de l'offre applicative, grâce d'une part à de nouveaux entrants qui ont inventé de nouveaux usages digitaux (Facebook, Spotify, etc.) et d'autre part à des acteurs historiques (Air France, musée du Louvre, etc.) attirés par cette nouvelle source de relation client et désireux de montrer une image innovante : un an plus tard, il y avait trois mille applications. Notons que l'univers d'amorçage de l'iPod lui-même a consisté à adresser non pas les consommateurs finaux, mais les auteurs de titres musicaux en leur apportant toutes les garanties digitales sur leurs droits d'auteur, puis deuxième effet domino, leurs maisons de production, en leur apportant de meilleures marges *via* la vente digitale que *via* la vente physique. La vente du couple iPod-iTunes auprès du consommateur a été le troisième effet domino : grâce aux deux effets précédents, c'était la seule offre permettant d'avoir l'intégralité de toutes les offres musicales en toute simplicité.

→ Kapla est un jeu de construction à base de planchettes en bois à superposer les unes sur les autres, dont le premier lancement auprès du marché ultime (la grande distribution et les consommateurs) n'avait pas marché. C'est par hasard, à l'initiative du maire de Paris, que Kapla a pu amorcer la création du marché ultime, en devenant prestataire d'animations ludo-éducatives dans les écoles primaires avec son jeu. Ainsi, du jour au lendemain, ce sont les parents des enfants de ces écoles qui sont venus instamment demander aux distributeurs pourquoi ils n'avaient pas ce produit dans leur linéaire.

→ L'univers d'amorçage de l'aspirateur Dyson a consisté à adresser les décorateurs d'intérieur de clientèles CSP+, qui pouvaient ainsi dire à leur client que même le design de l'aspirateur blufferait leur intérieur, et le vendre à un prix de produit d'exception. C'est à partir de cette première strate que cet aspirateur s'est démocratisé auprès du marché ultime, les consommateurs et les distributeurs.

→ Comme évoqué précédemment, le Bon Coin a su se développer grâce à des dominos successifs, dont le premier, son univers d'amorçage, correspondait à des transactions de produits à faible valeur ajoutée en *local to local*.

Pour passer au point E, il vous reste encore à éprouver la scalabilité opérationnelle : comment s'assure-t-on que l'irréprochabilité ne sera pas affectée avec la montée en volume du business ?

Du point E au point F : la phase d'accélération

Précisons tout d'abord que l'accélération ne s'obtient pas forcément par des levées de fonds permettant de faire un forcing en marketing pour faire accélérer le business, mais aussi par l'effet domino dont je viens de parler, et dont dépend l'accélération en tant que telle.

> → Comme le relatait Peter Brabeck, P.-D.G. de Nestlé à l'époque, le lancement du couple capsule-machine Nespresso n'a pas marché malgré des tentatives successives et avec des moyens très importants, à telle enseigne qu'il a fallu treize ans au total pour dépasser le point mort. *In fine*, ce qui a déclenché le succès de cette offre, c'est de l'avoir mise à disposition dans des hôtels de vacances très haut de gamme, qui étaient fréquentés par des grands patrons d'entreprise. C'est ce qui a fait que ces patrons ont voulu installer cette offre, avec son standing, dans leur bureau. Leurs managers ont alors voulu faire de même. C'est ensuite que Nestlé a adressé le marché ultime du consommateur de masse, en employant notamment les services de George Clooney.

Les propos de ce dirigeant témoignent peut-être d'un défaut qu'auraient certaines grandes entreprises à lancer une innovation avec de gros moyens, comme pour un nouveau produit, en déniant la nécessaire création de marché propre à une innovation.

Une fois l'accélération obtenue, toute start-up qui surfe dessus connaît tôt ou tard une crise de croissance très connue et parfois dramatique, car elle peut engendrer des abîmes en rafales successives :

– la croissance amène la start-up vers une diversité de clients et de besoins plus affriolants les uns que les autres. Cela engendre une diversité des cas d'usage à honorer et par conséquent une crise de complexité[2], en rajoutant notamment des couches de process. Par voie de conséquence, l'entreprise quitte son *less is more* et se retrouve dans un paquet de nouilles dont le nombre augmente sans cesse. Pour répondre à ce premier abîme, l'entreprise multiplie alors les recrutements et les postes, et se pose alors la question de tout réorganiser à la hâte en spécialisant les postes et en ajoutant des couches hiérarchiques. Mais cela engendre deux autres abîmes ;

- les rôles des uns et des autres ne sont plus clairs et tous ces nouveaux arrivants sont perdus à cause de l'addition de couches organisationnelles associée à une segmentation encore plus forte des fonctions, et à l'informatisation occulte de l'ensemble, d'où une perte de sens généralisée au niveau des équipes ;
- les employés ont plus à gagner à monter en hiérarchie qu'à contribuer à la production collective. Il faut faire attention au point de non-retour à l'innovation (*cf.* note 70) ;
- un quatrième abîme surgit alors et c'est le pire de tous : l'entreprise n'est plus irréprochable dans son marché. Elle connaît une exponentialisation des reproches clients dont les conséquences sont désastreuses : l'entreprise et son offre sont salies de manière fulgurante dans leur e-réputation. C'est une bombe à retardement qui va laminer sa croissance future.

Pour éviter cette réaction d'abîmes en chaîne[104], l'entreprise doit s'attacher à :

- se contenter d'amplifier son architecture (son *less is more*) pour croître : dire non à une centaine d'opportunités business qui ne sont pas en phase avec son architecture de développement ;
- partir de son architecture en premier pour définir en deuxième l'organisation minimale, les process minimaux et, au service de l'architecture et en troisième, le système d'information associé ;
- une exigence absolue quant à l'irréprochabilité de masse, en commençant par la détecter scrupuleusement (*cf.* la citation de P. Drucker, « ce qui ne peut pas être mesuré ne peut pas être managé ».

L'évolution de la dynamique d'expérimentation au cours du cycle

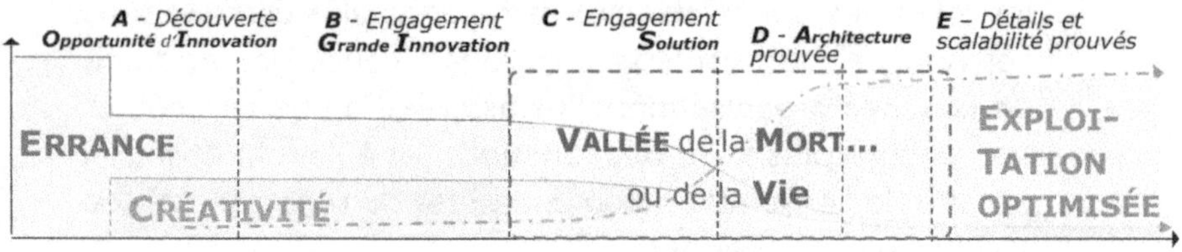

Figure 28. Rappel des phases du cycle

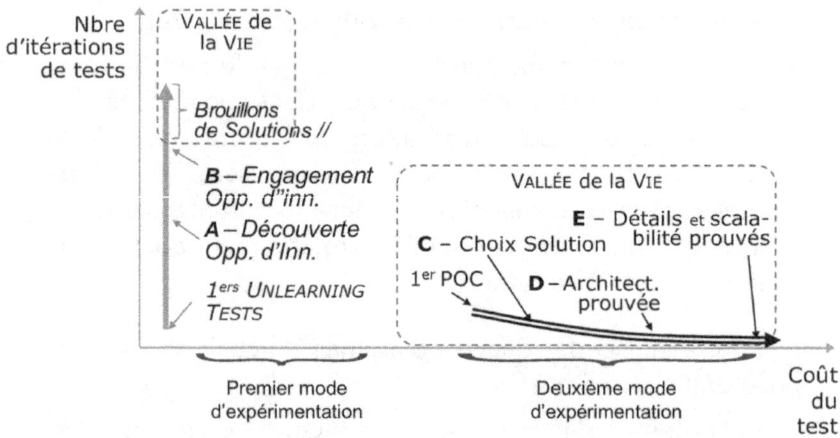

Figure 29. Deux modes différents d'expérimentation à employer successivement au gré des étapes du cycle

La figure 29 détaille deux dynamiques d'expérimentation pendant le parcours d'un projet innovant. Le premier mode d'expérimentation est incarné par la première courbe qui monte à la verticale à gauche en passant par l'étape A, puis l'étape B du cycle. Il correspond à la pratique d'*unlearning tests*: réalisés en nombre en tout début de parcours, ils sont très peu coûteux, jusqu'à trouver une opportunité d'innovation au point A du cycle. Il s'agit d'opérer ensuite des *unlearning tests* sur l'opportunité d'innovation (en zigzags disjonctifs sur d'autres opportunités) pour commencer à la confronter en vue de décider de s'engager ou pas dessus au point B du cycle. Des *unlearning tests* sont alors effectués sur les brouillons de solutions concurrentes trouvées dans le premier tiers de la traversée de la vallée. Les expérimentations de ce premier mode sont très peu coûteuses et leur nombre d'itérations s'accélère au gré du parcours.

C'est à partir du moment où l'on a franchi le premier tiers de la vallée que l'on passe à un parcours et à un second mode d'expérimentation, radicalement différent du premier, qui est incarné par la seconde courbe située en bas à droite et fléchissant à l'horizontale vers la droite en passant de l'étape C à l'étape E du cycle. Il correspond à la réalisation de preuves de concept (POC) qui sont nettement moins nombreuses et nettement plus coûteuses que les *unlearning tests*. Elles servent à choisir la solution sur laquelle nous allons nous engager au point C, puis à martyriser les hypothèses sur la solution envisagée et à prouver l'architecture du *less is more* au point D. Des POC sont à nouveau réalisées jusqu'au point E pour prouver la pertinence du *business model* de la phase de l'univers d'amorçage et la scalabilité opérationnelle. Lors de ce second mode de parcours, le nombre d'itérations des expérimentations baisse et leur coût augmente nettement.

Conclusion

Innover, c'est pratiquer totalement une posture et un état mental à un moment donné du cycle, puis de pratiquer une posture et un état mental inverse à un autre moment du cycle.

En première partie du cycle, il s'agit d'aimer errer ici et détruire cela, en multipliant l'intelligence diversifiée (l'*open*) et en s'amusant à expérimenter la boîte à destructions pour désapprendre. Ces expérimentations sont les plus nombreuses et les plus frugales possible, du moment qu'elles génèrent des étonnements (effectuations). Autant il faut débuter le cycle en acceptant de se perdre sans savoir où aller, autant ce sont les étonnements successifs qui vont montrer là où il faut aller pour trouver et inventer des opportunités d'innovation.

Ensuite, une fois arrivé au début de la vallée, il s'agit de se mettre en gage sur une grande innovation avec une vraie posture missionnaire : il faut accepter l'inévitable et l'incommensurable mise en danger qu'elle représente, car il n'y a pas d'autres choix que de réussir (engagement total). À défaut de cette posture, fatalement, on pivote face à l'adversité progressive du projet.

La traversée de la vallée s'acharne à revenir aux principes fondamentaux de la solution qui apporte la meilleure création de valeur et, qui plus est, est totalement irréprochable. Cela nécessite une équipe la plus minimale possible avec des profils quasi opposés, capables de construire avec leurs désaccords utiles. Cette équipe doit aimer les contraintes et les incertitudes, savoir piloter dans le chaos, résoudre sans cesse les problèmes associés. Cela passe par des expérimentations plus sérieuses et plus lourdes pour aboutir à des preuves irréfutables. La mise en gage de l'équipe est beaucoup plus décisive que les moyens pour réussir la traversée.

La dernière partie du cycle nécessite de se concentrer sur les opérations avec une posture 100 % mercenaire au service de l'efficience au quotidien.

Par conséquent, cela nécessite de changer du tout au tout le profil et la dynamique de l'équipe qui porte le projet entre le début et la fin du parcours : l'équipe de la traversée de la mort devra laisser place à une équipe d'exploitants.

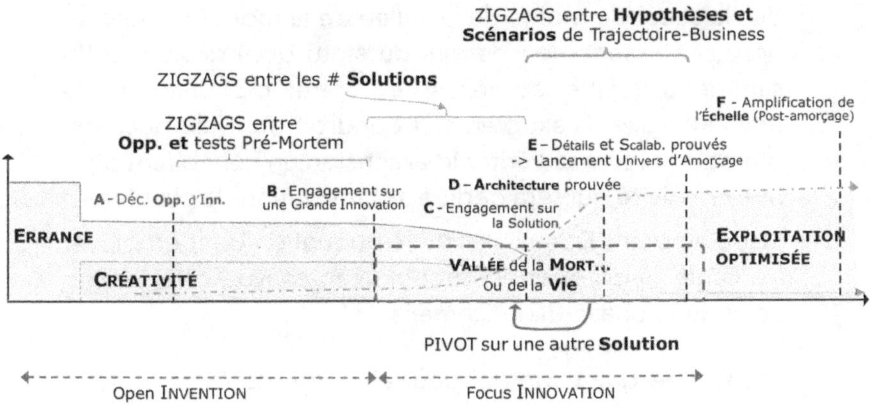

Figure 30. Cycle de l'innovation (schéma complet)

La figure 30 rappelle sur sa partie haute la dynamique des zigzags disjonctifs sur l'ensemble du cycle (disjonctifs en termes de temporalité ou d'équipe censée les réaliser). Elle précise sur sa partie basse à quel endroit peut figurer, le cas échéant, un pivot, non pas pour changer d'innovation, qui consisterait à revenir en amont du point B, mais pour changer de solution pour accomplir l'innovation initiale en revenant au point C.

→ Amazon avait tenté de lancer une première place de marché Amazon Auctions en mars 1999 sans succès, puis à nouveau Fixed Price en septembre 1999 sans plus de succès. C'est finalement la troisième tentative de place de marché pour les livres d'occasion qui fut la bonne en novembre 2000, laquelle a servi d'univers d'amorçage pour ce qui est devenu une mégaplace de marché en 2020.

Comme nous l'avons vu, les approches *design thinking*, les méthodes agiles de type *lean start-up*[105] ou Scrum ne permettent pas de sortir véritablement du statu quo de l'existant. Elles ne peuvent donc être employées à bon escient que sur une portion du cycle :

- dès la seconde moitié de la vallée de la mort, où l'innovation (par essence en dehors du statu quo) devient suffisamment définie et nécessite d'être implémentée de manière agile. C'est bien à cet endroit du cycle que l'exploration prend sa véritable ascension en cohabitant avec une créativité qui sera dédiée à la résolution de problème ;
- jusqu'au point D, aux alentours duquel on peut employer les canevas de *business model* (*lean canvas*) pour définir celui de la phase de lancement.

Toute idée *quick win* qui pourrait surgir du cycle (notamment dans la phase d'invention) passe immédiatement en expérimentation, puis en implémentation, sans respecter le cycle.

Parcourir ce cycle ne se fait pas en sprint (posture mercenaire), mais en marathon (posture missionnaire qui n'a pas d'autre choix que de réussir), en prenant le temps de temporiser grâce à des zigzags et avec la juste patience pour atteindre chaque jalon successif.

Il est courant de rencontrer des start-up qui veulent lever des fonds, en pensant être rendues au lancement de leur innovation (point D), alors qu'en réalité elles sont à peine rendues au point B, début de la traversée de la vallée.

Le plus gros enjeu de l'accompagnement des start-up ne serait-il pas de leur permettre de prendre le temps d'appliquer au mieux chaque phase successive du cycle et d'adopter la posture nécessaire à chaque phase, notamment celle de la traversée de la vallée… avant de chercher à lever des fonds ?

CONCLUSION

Nous vivons une époque extraordinaire à double titre : elle est on ne peut plus fertile aux créateurs de nouvelle valeur et elle nous donne des problèmes fabuleux à résoudre, ne serait-ce que le péril de notre planète (attention au feu doux qui la menace !). Les entreprises se retrouvent de plus en plus confrontées à des discontinuités de leur environnement qui sont telles qu'elles veulent disrupter leur existant A. Or, cela peut les empêcher de créer une disruption B et les conduire à s'illusionner dans un faux B, véritable A', car :

- à l'image de l'abeille dans sa carafe, nous ne voyons pas forcément les discontinuités telles qu'elles sont, et nous avons tendance à réagir aux discontinuités en continuité du passé ;
- la créativité n'est que l'expiration de nos cerveaux, elle génère des idées qui restent engluées dans le A qui domine notre inspiration.

Une première prise de temps gagnante pour l'entreprise

Nos entreprises feraient mieux de prendre le temps d'errer (« aller de gauche à droite vers ce qui advient », selon son étymologie) et de détruire les croyances qui soutiennent leur A historique. Votre meilleure source d'inspiration consiste à vous étonner de toutes les dissemblances par rapport à ce que vous savez, qui en réalité correspond à ce vous croyez savoir, lequel peut être parfaitement étonné et masquer tout ce que vous ignorez. C'est bien l'errance qui nourrit la désapprenance de ce que le collectif croit savoir et la découverte de ce qu'il ignore. C'est ce qui fait que, chemin faisant, une entreprise, tout comme une start-up, finit par trouver une opportunité d'innovation, ou une source de disruption B, sans l'avoir cherchée. Prendre ce temps n'est ni un luxe ni de la paresse, la prédisruption est la clé de la disruption. Plus les discontinuités sont importantes et plus il faut le prendre.

Cela ne peut pas s'accomplir si vous n'acceptez pas de vous perdre pendant le parcours : accepter le chaos nécessaire pour apprendre à danser sous la pluie. De nombreux rituels et pratiques vous permettent d'alimenter votre errance : remplir la boîte à croyances en vue de les détruire de manière expérimentale, faire des *unlearning expéditions* pour s'étonner de tout, désapprendre des besoins clients, exercer des intersections avec le tout, dévier le métier du marché.

Toutefois, cela ne servira pas à grand-chose, si vous ne redoublez pas de rigueur à scruter tous les étonnements possibles, car nous ne voyons que ce que nos croyances nous laissent regarder : c'est la limite de l'exploration seule. L'errance se consacre à faire :

- des expérimentations désapprenantes qui sont rigoureuses pour scruter tous les inattendus ;
- la compilation des étonnements de tous les retours d'expérience.

Ces expérimentations n'ont rien à voir avec le POC qui sert à prouver et coûte nettement plus cher. Ce dernier est bel et bien employé, mais plus tard.

La créativité n'est qu'un accessoire au service de cette machine à inspiration. L'impatience des entreprises à vouloir innover les conduit à passer outre la désapprenance pour tomber dans l'*innovation washing* qui induit définitivement une connotation négative de l'innovation pour leurs forces vives[106].

Aimer aller à la rencontre de tous les étonnements possibles, c'est ce qui va désscléroser l'intelligence collective de l'entreprise. Cela va vous montrer où il faut aller pour trouver en cours de chemin. Vouloir trouver des innovations est une erreur, car l'innovation résulte avant tout de ce parcours d'errance sérendipitaire : trouver des choses que l'on n'avait pas cherchées au départ.

Il ne tient qu'à votre entreprise de donner ces rituels à vos collaborateurs, lesquels rituels vont développer leur curiosimètre collectif : il en résultera non seulement des innovations et des choix décisifs pour votre entreprise, mais aussi un meilleur engagement de leur part pour porter et accomplir les transformations associées.

Une innovation qui n'est pas ridicule a priori est un vrai A'.

L'avenir appartient à ceux qui portent un B ridicule
pour le transformer en évidence.
Subir les disruptions
des autres ne conduit qu'à la déprime collective.

Plus les discontinuités sont nombreuses et plus les entreprises fantasment sur l'agilité (une recherche Google sur « agile » produit 155 millions de résultats), car on croit (méfions-nous de nos croyances) qu'il suffit d'être agile pour s'en sortir. Or, à force d'agilité, les entreprises subissent les déferlantes successives et annoncent des stratégies qui ne sont que des tactiques successives répondant à court terme à chaque situation rencontrée. À plus long terme, leurs hommes sont perdus, car ils ont l'impression d'avoir été dans tous les sens pendant le parcours.

Pire encore, ces entreprises n'ont rien construit dans la durée : elles ont la conviction d'avoir une stratégie qui n'est que de la tactique, dont résultent un désengagement de leurs hommes et une dispersion des énergies et des consommations de ressources engagées. Comme le soutenait A. Toffler, futurologue américain qui a révélé la troisième vague digitale en 1980, à propos de la vraie stratégie : « Si vous n'avez pas de stratégie, vous faites partie de la stratégie de quelqu'un d'autre ! »

Elles feraient mieux de commencer par errer pour poser la question stratégique en lien avec leur moteur humain : quelle est notre énergie à « apporter quoi » à travers l'entreprise et qui nous rend infatigable, tellement c'est important pour nous ? S'ensuit une deuxième errance autour du halo de la question stratégique qui permettra de trouver des opportunités de réponse chemin faisant. C'est alors qu'elles pourront décider du B à long terme :

- quel est notre rêve de création de valeur qui répond le mieux à la question stratégique et amplifie au mieux notre moteur humain ?
- quel est notre seul et unique défi à plus de dix ans, pour lequel nous n'avons pas d'autre choix que de le relever ? Si votre stratégie comporte plusieurs défis, alors ce ne sont que des vœux qui vont désengager vos hommes... Par essence ce n'est pas une stratégie.

Ce B doit :

- être réalisé en parallèle avec le recentrage du A sur ses atouts (√A) ;
- rester encore ouvert quant aux solutions employées et à la trajectoire parcourue.

C'est à partir de là que l'agilité dans le parcours (la tactique) sera déterminante, à condition de la conjuguer avec la construction du B dans la durée (la stratégie).

Définir un plan stratégique détaillé à x années vous empêchera d'être agile pour réussir un B. Mieux vaut définir votre B sous forme d'un cône stratégique qui incarne ce que vous voulez construire et apporter à plus de dix ans, et qui reste ouvert quant à la trajectoire et aux solutions employées pour le construire dans la durée.

Une deuxième prise de temps gagnante pour l'entreprise

La mise en œuvre de la première prise de temps n'est pas possible si votre entreprise est déjà surchargée à faire trop de choses sur son existant. C'est pourtant malheureusement le cas dans nombre d'entreprises : tout manager a tendance à rajouter des choses à l'existant, et les hommes se retrouvent ainsi confrontés à un paquet de nouilles dont nous sommes nous-mêmes les géniteurs.

Les entreprises errantes de demain seront celles qui sauront redoubler de légèreté en complexité. De nombreuses entreprises sont conscientes qu'il faudrait éviter d'en rajouter, voire d'élaguer des choses à l'existant, mais combien d'entre elles y parviennent, quand on imagine à quel point le paquet de nouilles se multiplie et les en empêche ?

D'où la nécessité d'une deuxième prise de temps clé, qui consiste à revenir à l'architecture de l'entreprise, que ce soit sur le √A ou le B. C'est ce qu'on appelle le *less is more* stratégique : quelles sont les *much less* grosses choses qu'il faut très bien faire pour obtenir *more*. C'est ce qui permet :

- d'élaguer les nouilles qui le méritent ;
- de savoir quelles sont les centaines de nouvelles nouilles pour lesquelles l'entreprise dira « non ».

À défaut, les hommes auront tendance à se perdre et à s'éparpiller, au vu de tout ce qu'il faut obtenir (la soupe de poisson) dans l'entreprise, ne sachant plus ce qu'il faut faire pour l'obtenir (le poisson). S'ensuit l'inévitable absence de sens qui devient de plus en plus criante chez les hommes dans nombre d'entreprises. Pire encore, en raisonnant sur la croissance en premier, l'entreprise quitte son architecture et se perd dans une multiplication exponentielle de ses nouilles, alors qu'elle ferait mieux d'amplifier son architecture pour croître.

Si l'entreprise va dans tous les sens,
ses hommes vont forcément perdre le sens.

Revenir à l'architecture de votre entreprise, que ce soit sur le √A ou le B, est l'antidote du plat de nouilles. Il n'y a pas plus physique et concret qu'une architecture incarnant le peu de choses clés à faire pour donner du sens à vos hommes. C'est ce qui permet de se libérer de tous les détails, aussi bien ceux qui sont toxiques qu'inutiles.

Cela concerne aussi toute start-up, et ce, particulièrement à deux phases clés de son cycle :

- pour réussir la traversée de la vallée de la mort et la transformer ainsi en vallée de la vie, elle devra aboutir à l'architecture de ses *less* grosses choses ou, dit autrement, à ses principes fondamentaux ;
- une fois rendue en phase d'accélération, la start-up peut facilement se laisser griser par la croissance qui va sévèrement alourdir sa complexité, alors qu'elle ferait mieux de se centrer sur son architecture du *much less* et de l'amplifier pour croître. À défaut, elle va gâcher son irréprochabilité de masse, laquelle va contaminer sa croissance à plus long terme, contredisant le sacro-saint *move fast*[107]. Combien de start-up ont raté leur phase d'accélération après coup, à cause de cette bombe à retardement qu'elles ont elles-mêmes engendrée ?

Engager des moyens pour innover ou pour se doter d'un B
sans redoubler d'allègement est un pur fantasme,
qui désengage progressivement les équipes. Une entreprise
innovante qui n'élague pas ne peut pas innover !

Il s'agit de la deuxième prise de temps, dite d'esSENSialisation par l'allègement : elle permet à l'entreprise de redoubler d'agilité et d'efficience pour faire *more* sur l'existant avec *less* choses à faire (*less is more*). Les hommes seront plus engagés grâce à cette incarnation du sens, et les gains de temps apportés par le *less* leur permettront de s'accomplir dans l'errance.

Une disruption stratégique réussie

Figure 31. Deux prises de temps pour une résultante commune

C'est bien la combinaison de ces deux prises de temps qui est essentielle pour répondre aux deux questions initialement posées en introduction de l'ouvrage.

- Quelle nouvelle création de valeur pour développer notre entreprise demain et engager nos hommes en conséquence ?

La légèreté permet l'errance pour poser la question stratégique. L'errance pour trouver le B répondant le mieux à la question stratégique doit tôt ou tard revenir à la légèreté de l'architecture du *less is more* de ce B. Cela permettra de conjuguer la construction de son B avec agilité pendant le parcours et de favoriser l'engagement des hommes pour porter le B.

- Comment transformer notre projet innovant en création de valeur effective ?

L'errance conduit à l'invention. C'est l'esSENSielisation ensuite qui conduit à l'innovation. Notons que toute innovation, par définition, doit apporter une nouvelle valeur décisive et générer des profits.

Rappelons qu'être agile pour une entreprise veut dire savoir bouger au plus tôt (c'est l'errance qui permet à l'entreprise de sortir de sa casserole sous le feu doux), avec peu d'énergie (c'est l'EsSENSialisation qui permet de le faire) et sans se tromper de direction (c'est la question stratégique qui le pallie).

Deux modèles à conjuguer

Si le collectif de l'entreprise a une posture mercenaire, alors il ne pourra pas s'accorder ces deux prises de temps. Et, en général, c'est la posture des dirigeants (missionnaire ou mercenaire) qui finit par déteindre sur celle du collectif. Rappelons qu'un dirigeant mercenaire ne veut pas errer, car il cherche à valoriser son entreprise en premier. Par ailleurs, c'est un preneur (il demande aux autres de faire plus). Son entreprise devenant mercenaire, elle veut faire de la croissance en premier et va forcément rajouter des choses à obtenir dans l'entreprise, ce qui va empêcher le collectif de faire tout acte d'errance, jusqu'à un point de non-retour à l'innovation, notamment en phase de post-accélération.

De l'autre côté, un dirigeant ou manager missionnaire aime errer (première prise de temps), ne serait-ce que pour voir comment donner plus et autrement. Le moteur humain d'une entreprise est sa plus grande force. Elle doit cultiver en permanence son énergie à « apporter quoi » pour conserver sa dynamique entrepreneuriale[108]. Au lieu de rajouter des choses à faire faire par les autres sur l'existant, le manager missionnaire les aide à enlever des choses (deuxième prise de temps) pour apporter encore mieux la valeur qui est l'objet de sa quête.

Son entreprise devenant missionnaire, elle est absolument engagée sur une quête de valeur à apporter à travers son B.

Au lieu de rajouter plein de projets d'innovation, elle s'engage sur très peu d'innovations qui sont grandes en termes de nouvelle valeur apportée et de risque associé (*cf.* projet 10X, ou encore les innovations qui sont trop importantes pour ne pas essayer et pour lesquelles on n'a pas d'autres choix que de réussir), tout en s'ouvrant à la concrétisation de toutes les idées qui ne sont que dans le domaine du *quick win*.

La valorisation et la croissance de l'entreprise missionnaire ne sont pas sa cause, mais des résultantes qui font qu'en général elle s'enrichit mieux que les entreprises mercenaires.

Bien entendu, toute entreprise a aussi besoin d'une posture mercenaire pour réussir. Il s'agit donc d'une vraie question du juste équilibre entre les deux postures, en fonction de là où l'entreprise se situe dans sa courbe en S. L'entreprise doit respecter deux points clés :

- coupler un modèle d'entreprise dédié à la posture mercenaire de l'efficience et à l'exploitation au quotidien avec un modèle d'entreprise dédiée à la posture missionnaire à long terme et à l'errance destructive. Chaque modèle est porté par un skipper différent et se réalise suffisamment à la fois séparément et en synergie avec l'autre modèle. Ainsi, chaque collaborateur pratique régulièrement chacun des deux et devient en quelque sorte bilingue de ces deux postures. Rappelons qu'avoir la meilleure ambidextrie avec ces deux modèles reste un fantasme, si l'on ne développe pas une troisième dextérité consacrée à élaguer en permanence (*cf.* deuxième prise de temps gagnante) ;
- se faire violence à redevenir missionnaire à certains moments du cycle de vie de l'entreprise, notamment quand la réussite apparente appelle à se mettre en nouvelle crise utile. Une entreprise ou une start-up qui connaît une accélération importante s'expose gravement au fait que les hommes aient plus à gagner à monter en rang qu'à apporter au collectif, et elle franchira alors le seuil du non-retour à l'innovation !

Il ne tient qu'à votre entreprise de cultiver sa posture missionnaire pour donner ces deux prises de temps à vos hommes et créer une nouvelle valeur disruptive.

Une équipe minimaliste ultra-engagée

Un projet innovant ou disruptif n'est une innovation ou disruption que s'il a réussi le marathon du cycle de la création de valeur. Or, ce qui rend cette réussite complexe, c'est que l'on doit changer du tout au tout au gré du cycle, tant au niveau des pratiques que de la posture et de la constitution de l'équipe : autant, au début du cycle, on accepte de se perdre avec une curiosité excessive pour trouver des inattendus et en s'autorisant des expérimentations à pertes acceptables, autant, à la fin du cycle, on s'interdit d'échouer et on s'attache à définir l'essentiel sur lequel se concentrer au mieux pour la suite du parcours.

C'est bien (*cf.* figure 32) :

- le modèle d'entreprise dédié à l'errance destructive (première dextérité) qui va nourrir de manière collective la partie droite du cycle ;
- le modèle d'entreprise dédié à l'exploitation (deuxième dextérité) qui va prendre en charge les projets ayant réussi la traversée de la mort.

En revanche, sur un projet donné, aucun des deux modèles n'est capable d'accomplir la traversée de la mort, située au milieu du cycle : seule la plus petite équipe minimale d'exception engagée sur ce projet saura réussir la traversée en vie, à condition qu'elle ait quatre qualités rédhibitoires : être confortable dans l'incertain, savoir piloter et concrétiser dans le chaos, penser en divergence tout en agissant en convergence, savoir communiquer de manière influente.

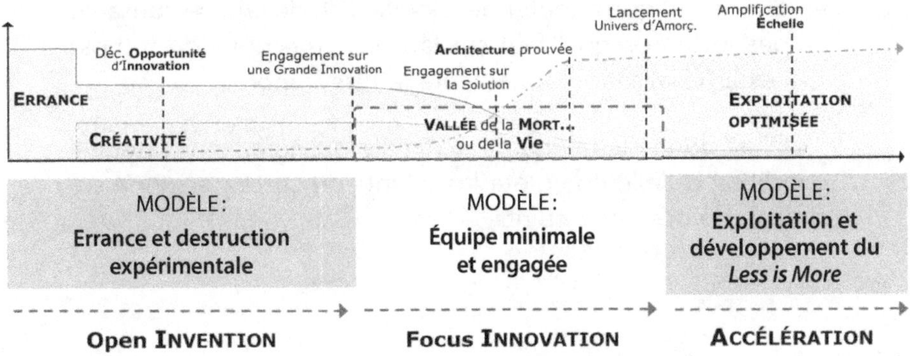

Figure 32. Trois modèles successifs différents pour réussir le cycle

La figure nous alerte sur le distinguo entre la concrétisation de l'invention et celle de l'innovation. Comme le soulignait J. Schumpeter, auteur de la destruction créatrice, « l'inventeur est un génie, une personne surdouée, alors que l'innovateur est celui qui réussit à trouver un marché pour une invention en s'accrochant au succès ultime par sa forte volonté ».

En phase d'innovation, avoir la plus petite équipe d'exception vaudra beaucoup mieux que des moyens d'exception.

Une grande innovation ou disruption ne peut pas s'accomplir sans l'engagement total de cette équipe, mais lui donner trop de moyens peut nuire à son engagement. Il faut donc créer les conditions qui feront que l'équipe se sera mise en gage pour réussir. Une start-up qui saute de la falaise a obligatoirement la pleine conscience de ses fortes probabilités d'échec, et c'est ce qui fait qu'elle va réussir. À trop financer une start-up (qu'elle soit interne ou externe), c'est plutôt le financeur qui saute de la falaise que la start-up !

À cet égard, on pense naturellement que toute personne qui a de vrais talents d'errance et de créativité divergente est un innovateur, mais ce n'est pas le cas, si :

– elle n'a pas la posture d'entrepreneur engagé ;

– elle ne fait que rajouter des nouilles et, de fait, ne consacre pas le temps qu'il faut sur la deuxième prise de temps : l'esSENSialisation qui enfante le *less is more*.

C'est donc bien l'équipe minimale qui sera l'innovateur, à condition qu'elle complète les talents de cette personne sur chacun de ces deux points.

❖

En conclusion, c'est en cherchant à comprendre des choses inexpliquées et en essayant des choses encore inessayées que l'on fait des découvertes à en devenir visionnaire. Et c'est à la portée de chacun de nous. La pré-innovation est la clé de l'innovation, à condition, pendant la phase d'innovation, de revenir à l'architecture du *less is more*. Tout collectif qui est animé par une énergie à apporter aux autres sait le faire.

NOTES

1 La société GE s'est entichée *du lean startup* il y a quelques années, or elle a connu la pire situation de son histoire depuis. Certains pensent que ce concept en est une des causes. *Cf.* Méda P., *The Mean Startup. How GE Failed at Doing Innovation By The Book*, Icopilots.com, 2018.

2 Hudson J. et Khazragui H.F., Into the valley of death, *Research to innovation*, 2013.

3 Maeterlinck M., *La vie des abeilles*, Archipoche, 2020.

4 S. Thomke était professeur à Harvard et une référence en management de l'innovation.

5 Dans son ouvrage devenu célèbre, *Le Cygne noir*, N. Taleb, statisticien, n'y va pas de main morte, quand il avertit que les prospectivistes sont presque des escrocs d'un futur qu'ils nous vendent: puisque nous avons toujours eu des cygnes blancs, ils vont nous vendre un futur constitué de cygnes blancs, alors que des cygnes noirs vont le disrupter.

6 *Cf.* Katila R., Too Many Experts Can Hurt Your Innovation Project, *Harvard Business Review*, 2017.

7 Halassa M., *Prefontal Cortex Regulates Sensory Filtering*, MIT, 2019.

8 *Cf.* Furr N. et Dyer J.H., Leading Your Team into the Unknown. How great managers empower their organizations to innovate, *Harvard Business Review*, 2014.

9 Sarasvathy S. D., *What makes entrepreneurs entrepreneurial?* Darden Business Publishing – University of Virginia, janvier 2008.

10 *Cf.* Brandenburger A., To Change the Way You Think, Change the Way You See, *Harvard Business Review*, 2019.

11 Catellin S., *Sérendipité: du conte au concept*, Le Seuil, collection Science ouverte, 2014.

12 *Cf. The case for more silence in meetings*, hbr.org, 2019.

13 Gino F., *The business case of Curiosity*, hbr.org, 2018.

14 Wu T., *The Attention Merchants*, Knopf, 2016.

15 *Cf.* Gregersen H., *Better Brainstorming*, MIT, mars 2018. Dans cet article, l'auteur démontre la richesse des sessions de créativité dans lesquelles on ne peut que poser des questions!

16 Maxwell J.C., *Good leaders ask great questions*, Center Street, 2014.

17 Gonfler les voiles arrière tout en dégonflant les voiles avant.

18 Blanding M., *Disruptors Sell What Customers Want and Let Competitors Sell What They Don't*, Harvard Business School, 2015 ; McDonald, Eisenhardt K.M., The New-Market Conundrum : In emerging industries the usual rules of strategy don't apply, *Harvard Business Review*, 2020.

19 *Cf.* chapitre « Conformity Bias » développé dans l'ouvrage : *Behavioral Ethics in Practice*, Routledge, 2020 ; Gino F., Let your workers rebel, *Harvard Business Review*, 2016.

20 Asch S.E., *Effects of group pressure upon the modification and distortion of judments*, Carnegie Press, 1951.

21 Pisano G., The hard truth about innovative cultures, *Harvard Business Review*, 2019.

22 Nemeth C., *In defense of troublemakers : the power of dissent in life and business*, Basic Books, 2018.

23 Verganti R., The Innovative Power of Criticism, *Harvard Business Review*, 2016.

24 Grant A., *How non-conformists move the world*, Penguin Random House LLC, 2016.

25 Somers M., *The 20-year-old entrepreneur is a lie*, MIT, 2018.

26 Davenport T.H. et Westerman G., *Why so many high-profile digital transformations fail*, hbr.org, mars 2018.

27 VRBO.com ; BedandBreakfast.com ; Couchsurfing.com ; HomeAway.com

28 Bateson G., *Mind and Naturea*, Dutton, 1979.

29 Nunes P., Breene T., *Reinvent your business before it's too late*, hbr.org, 2011.

30 Hougaard R. et Carter J., Ego Is the Enemy of Good Leadership, *Harvard Business Review*, novembre 2018.

31 Hewlett S.A., Marshall M. et Sherbin L., How diversity can drive innovation, *Harvard Business Review*, décembre 2013.

32 Rock D. et Grant H., Why diverse teams are smarter, *Harvard Business Review*, novembre 2016.

33 Austin R.D. et Pisano G., Neurodiversity as a competitive advantage, *Harvard Business Review*, mai 2017.

34 Le Myers Briggs Type Indicator (MBIT) est un outil d'évaluation du profil psychologique des individus.

35 Lovric D. et Chamorro-Premuzic T., Too Much Team Harmony Can Kill Creativity, *Harvard Business Review*, 2018.

36 Cross R., Rebele R. et Grant A.M., Collaborative overload, *Harvard Business Review*, 2016.

37 *Cf.* note 36.

38 Acar O.A., Why Crowdsourcing Often Leads to Bad Ideas, *Harvard Business Review*, décembre 2019.

39 Dukach D. et Wu A., Stand-up Meetings Inhibit Innovation, *Harvard Business Review*, janvier-février 2021.

40 *Cf.* étude Thomke S.S. (professeur à Harvard), Building a culture of experimentation, *Harvard Business Review*, avril 2020.

41 L'acronyme POC est anglais : *proof of concept*.

42 *Cf.* note 21.

43 *How the data mining of failure could teach us the secrets of success*, MIT, 2019.

44 *Cf.* Lansiti M. et Lakhani K.R., Competing in the Age of AI, *Harvard Business Review*, janvier-février 2020.

45 Terme édité par A. Grant, auteur de *Originals : How Non-Conformists Move the World* (2016), à travers lequel il souligne qu'il n'y a rien de tel que regarder le Déjà vu en Vudajé pour sortir du conformisme.

46 Christensen C. et Bower J.-L., Disruptive Technologies : Catching the Wave, *Harvard Business Review*, 1995 ; Christensen C., *The Innovator's Dilemma*, Harvard Business School Press, 1997.

47 *Cf.* Blank S., Why Companies Do "Innovation Theater" instead of Actual Innovation, *Harvard Business Review*, octobre 2019 ; Kuznicki M., *3 Signals of "Innovation Theatre" to Watch Out For*, medium.com, 2018 ; *Is your company just performing "Innovation Theatre"* ?, ideatovalue.com, 2019.

48 Une étude récente, *Lean startup and the business model : Experimentation revisited* (Wharton Institute 2020), souligne que le *lean startup* ne permet pas de sortir du statu quo et conduit à une amélioration incrémentale de la valeur.

49 Iskander N., Design Thinking Is Fundamentally Conservative and Preserves the Status Quo, *Harvard Business Review*, septembre 2018.

50 Souvenons-nous de l'art ancestral des topiaires végétales. Claude Mollet et André Le Nôtre, notamment, créent des

portiques, des colonnades, des berceaux et des labyrinthes topiaires dans les jardins à la française.

51 Christensen C., The Innovator's Dilemma, *Harvard Business Review*, 2016.

52 Trushman M. et O'Reilly C., The Ambidextrous Organization, *Harvard Business review*, avril 2004.

53 Govindarajan V. et Trimble C., Stop the Innovation Wars, *Harward Business Review*, juillet-août 2010.

54 Yoffir D.B., Gawer A. et Cusumano M.A., A Study of More Than 250 Platforms Reveals Why Most Fail, *Harvard Business Review*, mai 2019.

55 Bezos J., *Letter to Shareholders*, www.aboutamazon.com, 2018.

56 Le contrôle et l'organisation de quelque chose (définition du *Cambridge Dictionary*).

57 À ne pas confondre avec l'efficacité : l'efficience cherche la meilleure efficacité au meilleur coût.

58 « Nous surestimons les deux ans à venir et nous sous-estimons la prochaine décennie » (Bill Gates).

59 Zomorodi M., *Bored and Brilliant: How Spacing Out Can Unlock Your Most Productive and Creative Self*, St. Martin's Press, 2017.

60 Martin R.L., The Innovation Catalysts, *Harvard Business review*, juin 2011.

61 Day G., Is It Real ? Can We Win ? Is It Worth Doing ? Managing risk and reward in an innovation portfolio, *Harvard Business Review*, décembre 2007.

62 Hollister R. et Watkins M.D., Too Many Projects, *Harvard Business review*, septembre-octobre 2018

63 *Cf.* note 24.

64 Grant A., *Give and Take: A Revolutionary Approach to Success*, Weidenfeld & Nicolson, 2013.

65 Martin R.L., Mergers and acquisitions the one thing you need to get right, *Harvard Business Review*, juin 2016.

66 Hougaard R. et Carter J., Ego is the enemy of good leadership, *Harvard Business Review*, novembre 2018.

67 Nunes P. et Breene T., Reinvent Your Business Before It's Too Late, *Harvard Business Review*, janvier-février 2011.

68 *Cf.* Govindarajan V. et Trimble C., Building Breakthrough Businesses Within Established Organizations, *Harvard Business Review*, mai 2005.

69 *Cf.* Bebchuk L.A. (professeur à Harvard), Don't let the short-termism bogeyman scare you, *Harvard Business review*, janvier-février 2021.

70 Bahcall S., The innovation equation, *Harvard Business Review*, mars-avril 2019.

71 Zenger T., What Is the Theory of Your Firm, *Harvard Business Review*, juin 2013 ; Drucker P., Theory of the Business, *Harvard Business Review*, septembre-octobre 1994 ; etc.

72 *Cf.* p. 166 la citation sur la perfection par Saint-Exupéry.

73 Suarez F.F. et Montes J.S., Building Organizational Resilience, *Harvard Business Review*, novembre-décembre 2020.

74 Conner-Simons A., *Using AI to recreate how artists painted their masterpieces*, MIT, juin 2020.

75 Mauboussin M.J., The True Mesure of Success, *Harvard Business review*, octobre 2012.

76 Citée dans Retailers Should Think Like Zara : What We Learned At The August Magic Trade Show, *Forbes*, 2017.

77 Zenger T.R., How to Solve the Puzzle of Sustaining Growth While Creating Value, *Harvard Business Review*, 2016.

78 Zook C. et Allen J., The Great Repeatable Business Model, *Harvard Business review*, novembre 2011.

79 Landel M., Sodexo's CEO on Smart Diversification, *Harvard Business Review*, mars 2015.

80 Denning S., Volkswagen And Its Hidden Debts, *Forbes*, septembre 2015.

81 *Cf.* Ancona D., Backman E. et Isaacs K., Nimble Leadership : Walking the line between creativity and chaos, *Harvard Business Review*, 2019.

82 *Cf.* McGregor L. et Doshi N., Why Agile Goes Awry – and How to Fix It, *Harvard Business Review*, octobre 2018. Cet article souligne qu'à défaut d'une architecture à la base, les méthodes agiles deviennent contreproductives en agilité : à faire trop d'adaptations, on finit par se perdre.

83 Collins J. (consultant américain), *Good To Great*, HarperCollins, 2001.

84 *Cf.* note 68.

85 Meyer P., *Pointes sèches*, Seuil, 1993.

86 Goyette K., Coker C. et Mueller M., *Leadership mater: How psychometrics can forecast the success or failure of start-up*, Aperio, 2019.

87 McDonald R. et Eisenhardt K.M., The New-Market Conundrum, *Harvard Business Review*, juin 2020.

88 *Cf.* Weick K.E., Enacted sensemaking in crisis situations, *Journal of Management Studies*, juillet 1988; Gulati R., Casto C. et Krontiris C., How the Other Fukushima Plant Survived, *Harvard Business Review*, juillet-août 2014.

89 Burkus D., Innovation isn't an idea problem, *Harvard Business Review*, juillet 2013; Campbell A., Whitehead J. et Finkelstein S., Why Good Leaders Make Bad Decisions, *Psychology Magazine*, 2009.

90 Isaacson W., Invent and Wander: The Collected Writings of Jeff Bezos, *Harvard Business Review*, 2020.

91 Dans l'ouvrage *Collective Genius: The Art and Practice of Leading Innovation* (Harvard Business Press, 2014), les auteurs démontrent qu'un leader en innovation est celui qui crée les conditions pour qu'une équipe commando porte un projet innovant et non pas celui qui porte toutes les innovations.

92 Moore D.A. (professeur à Berkeley), *Perfectly Confident: How to Calibrate Your Decisions Wisely*, Harper Business, 2020.

93 *Cf.* Wasserman N., *The Founder's Dilemmas: Anticipating and Avoiding the Pitfalls That Can Sink a Startup*, Princeton University Press, 2012: étude réalisée auprès de 6 000 start-up qui révèle que la clé du succès, c'est d'anticiper l'échec. *Cf.* également Klein G., Performing a Project Premortem, *Harvard Business Review*, 2007.

94 *Cf.* Dugan R.E. et Gabriel K.J., "Special Forces" Innovation: How DARPA Attacks Problems, *Harvard Business Review*, octobre 2013.

95 Dans leur ouvrage *Leading Transformation: How to Take Charge of Your Company's Future* (Harvard Business Review Press, 2018), N. Furr, K. Nel et T. Zoëga Ramsøy démontrent que ces qualités de l'équipe sont rédhibitoires. Un résumé de leur démonstration figure dans un article d'*Harvard Business Review*: If Your Innovation Effort Isn't Working, Look at Who's on the Team (novembre 2018).

96 Sauer S.J. et Mannix E., Conflict and Creativity in Interdisciplinary Teams, *Small Group Research*, mai 2014.

97 Rosso B.D., Exploring the Role of Constraints in the Creative Processes, *Organization Studies*, mars 2014.

98 *Cf.* Wang D. et Evans J.A., Research : When Small Teams Are Better Than Big Ones, *Harvard Business Review*, février 2019 ; Brett J. et Wang D., If You Want Creative Solutions, Keep Your Team Small. Large collaborations in science are sometimes necessary, but size can also stifle innovation, *Scientific American*, février 2020.

99 Wu L., Wang D. et Evans J.A., Large teams develop and small teams disrupt science and technology, *Nature*, février 2019.

100 *Cf.* Dayan M., Ozer M. et Almazrouei H., The role of functional and demographic diversity on new product creativity and the moderating impact of project uncertainty, *Industrial Marketing Management*, 2017.

101 *Cf.* note 87.

102 Une étude (Iterative Coordination and Innovation, *Harvard Business Review*, juin 2020) corrige les idées reçues sur les méthodes agiles qui seraient les panacées pour innover : elles sont efficientes pour coordonner l'implémentation (dans la phase D à E) ; en revanche, elles sont contre-productives dans la génération d'idées.

103 Rogers E.M., *Diffusion of Innovations*, The Free press, 1962.

104 *Cf.* Bruch H. et Menges J.I., The Acceleration Trap, *Harvard Business Review*, 2010.

105 Un des protagonistes du *lean start-up*, S. Blank, qui a consacré un article intitulé « Pourquoi le *lean start-up* change tout » dans la revue *Harvard Business Review* en 2013, a avoué plus tard lors d'une interview dans la même revue en 2017 que le *lean start-up* n'a rien changé (« When Start-up Scrapped the Business Plan »). À sa décharge, Il est vrai que ce concept ne change rien à l'efficience de toutes les phases préalables à son utilisation, qui sont nombreuses et pas des moindres, notamment pour l'invention.

106 *Cf.* Zhexembayeva N., Stop Calling It "Innovation", *Harvard Business Review*, 2020.

107 Taneja H., Venture Capital : The Era of "Move Fast and Break Things" Is Over, *Harvard Business Review*, 2019.

108 *Cf.* Gulati R., The Soul of a Start-Up. Companies can sustain their entrepreneurial energy even as they grow, *Harvard Business Review*, 2019.

À PROPOS DE L'AUTEUR

Maximilien Brabec est, depuis près de vingt ans, consultant auprès des entreprises et des start-up sur deux sujets intimement liés qui le passionnent et qui sont l'objet du présent ouvrage : la stratégie et l'innovation. Professeur affilié à l'ESCP Business School, il est également expert conférencier reconnu à l'APM (Association pour le progrès en management). Disrupteur dans l'âme, il croise ses nombreuses expériences tant auprès des entreprises qu'en tant qu'opérationnel (création de start-up, direction générale de PME et intrapreneurship dans de grands groupes) avec les recherches les plus récentes pour établir, à travers cet ouvrage, de nouvelles approches structurées et opérationnelles encore plus pertinentes.

Autres ouvrages

Sortir du Me-too : la stratégie de compétition par la différence. PUF, 2004.

Business Model Vert : l'économie durable comme stratégie gagnante. Dunod, 2010 (lauréat du prix Qualité Performance 2011).

Avec un collectif d'auteurs

« L'économie verte, un outil de différenciation stratégique pour les entreprises ». Dans *Repenser l'Entreprise. Saisir ce qui commence, vingt regards sur une idée neuve*, Cherche Midi, 2008.

« Le low cost et la renaissance du modèle stratégique ». Dans *Renaissance(s). Le plaisir d'entreprendre*, Eyrolles, 2014.

« Mutations non linéaires et nouvelles créations de valeur en 2035 à travers un changement de modèle stratégique ». Dans *L'avenir, c'est demain ! 27 propositions pour 2035*, Autrement, 2016.

« Manager l'innovation managériale ». Dans *Manageor*, Dunod, 2021.

TABLE DES MATIÈRES